GOLDMANN

Buch

Mit diesem Werk knüpft Peter Krassa an die lebendige Renaissance der Prä-Astronautik an: Berichte über rätselhafte UFO-Erscheinungen an der chinesisch-sowjetischen Grenze brachten ihn auf die Fährte der geheimnisvollen »Gelben Götter«. Was er bei seinen Recherchen an Ort und Stelle herausfinden konnte, macht mehr als neugierig. Vieles deutet darauf hin, daß wir die Rede von den »Söhnen des Himmels«, den Gelben Göttern Chinas, durchaus wörtlich nehmen sollten. Der Autor beschäftigte sich intensiv mit altchinesischen Überlieferungen – und entdeckte verblüffende Informationen über Besucher aus dem All, die einst auf »feurigen Drachen«, auf »Donnervögeln« in China landeten und ihre aufsehenerregenden Spuren bis heute hinterließen.
Peter Krassa zieht Bilanz: Haben außerirdische Wesen jahrhundertelang das chinesische Volk unterwiesen? Basiert die chinesische Kultur, deren Werte uns auch im Westen beeindrucken, auf den Grundlagen außerirdischer Intelligenz? Woher kommen all die merkwürdigen »Schallplatten aus Granit«, »die Unsterblichkeitspillen« und »Amphibienfahrzeuge«, die bis heute erhalten geblieben sind?
Der Autor hat für alles eine Erklärung bereit...

Autor

Peter Krassa ist Autor zahlreicher Bücher, die sich mit den Grenzbereichen unseres Wissens befassen und bereits in mehrere Sprachen – darunter ins Chinesische – übersetzt worden sind. Er ist Mitglied der »Ancient Astronaut Society« (AAS) und als Verfasser von Fachartikeln in in- und ausländischen Publikationen international bekannt. Peter Krassa lebt und arbeitet in Wien.

PETER KRASSA

...UND KAMEN AUF FEURIGEN DRACHEN

China und das Geheimnis
der Gelben Götter

GOLDMANN VERLAG

Der Goldmann Verlag
ist ein Unternehmen der Verlagsgruppe Bertelsmann

Made in Germany · 3/90 · 1. Auflage
© 1990 by Wilhelm Goldmann Verlag, München
Umschlaggestaltung: Design Team, München
Umschlagfoto: Peter Krassa, Wien
Satz: Filmsatz Schröter GmbH, München
Druck: Pressedruck Augsburg
Verlagsnummer: 11480
Lektorat: Brigitte Leierseder-Riebe
Herstellung: Martin Strohkendl
ISBN 3-442-11480-2

Gewidmet
Gerda Gschwend, Trude Hayer
und *Walter Niesner*
– drei Menschen,
die mir viel bedeuten

Vergiß nie,
auch das Rätselhafte hat seine Klarheit.
Das Mysterium leuchtet...

Paul la Cour

Inhalt

»Glücksrede« – Ein Vorwort aus China 11

I. UFO-Forschung in China 15

Nachprüfbare UFO-Erscheinungen – Erst nach Maos Tod... –
Paul Dongs Anteil – Kontakte mit chinesischen UFO-Forschern
– Von Begegnungen der ersten Art – Eine ziemlich mysteriöse
Geschichte – UFO-Grenzkrieg zwischen China und der UdSSR?
– Geheime UFO-Basis?

II. Ein ungewöhnlicher Sonnenaufgang 23

Ein helles weißes Licht... – »Es flog ganz wunderbar« – Innerhalb dreier Tage ausverkauft – Eine akademische UFO-Studiengruppe – »Existieren fliegende Untertassen?« – UFO-Interesse steigt sprunghaft an – UFO-Diskussionen in Chinas Zeitungen

III. Der Drache – ein kosmisches Symbol 29

Der Drachenmythos kam aus China – Die Väter der 1. Dynastie
– Wurden die Ur-Drachen mechanisch betrieben? – Legendäre
»Drachenwagen« – Von »Feuerrossen« und »Donnervögeln« –
Flugzeugentwürfe aus dem Jahr 1300 v.u.Z. – Der Drache als
Kriegswaffe – Absturz des »Donnergottes« – Chung-ming, der
»Donnerrabe« – Ein »Ei« ohne Flügel – Wer war John Frum? –
Die Ahnengalerie der Thai – Ch'ang-i, die »Knochenlose« – Die
Tafeln der »ewigen Gesetze« – Das seltsame Völkchen der
Toradscha – Das »hängende Haus«

IV. Am Anfang aller Zeiten 49

In den Himmel entrückt – Pillen der Unsterblichkeit – SOS in den Kosmos? – P'an-ku, der Götterbote – Eine Säule zwischen Himmel und Erde – Kampf gegen den Fackeldrachen – Beschreibungen von Allzweckgeräten

V. Geniale Chinesen 59

Aluminium vor 1700 Jahren – Pinselautomaten im alten China – Ein magnetisches Tor – Chang Hengs Seismograph – Meister der mechanischen Künste – Eingeweihte in die Alchimie – Die Schwerkraft überwunden? – Magische Spiegel – Atomexplosion im Jahr 1910? – Die Wüste Gobi – Vernichtungswaffen aus frühester Zeit – »Sie flogen durch die Wolken« – Chinas Arche Noah

VI. Gelbe Götter aus dem Kosmos 73

Die »Wilden von Hubai« – Eisenrollen und Schuhabdrücke – »Der vom Himmel Gekommene« – Vater des Universums – Huang-ti, der Gelbe Kaiser – Ein Kind aus der Retorte? – Botschaft von den Plejaden – Genetisch manipuliert? – Glückswolken – Die Heimat der »Himmelssöhne« – Der Geist des Flusses – Der Kaiser mit den sieben Namen – Flüge ins Weltall – »König Mu und der Zauberer« – Parallelen bei Etana und Ezechiel

VII. Flugmaschinen im alten China 101

Dädalus und Ikarus – Ein fliegendes Pferd aus Holz – Chinas uralte Vokabel »Fei-chi« – Das erfindungsreiche Volk der Chi-Kung – Weil nicht sein kann, was nicht sein darf – Eine brennend heiße Flüssigkeit

VIII. Chinesische Pyramiden 111

Gibt es eine gemeinsame Urquelle? – Die Grabstätte des »Ersten Kaisers« – Der »Zauberspiegel« Ts'in Schi-huang-tis – Ein überraschender Fund – Eine Armee aus Tonfiguren – Die größte Pyramide der Welt? – Ein offiziöser Hinweis – Pyramidenfragmente auf der Felsinsel Jotuo – Rätselhafte Gravuren – Rentierjagd aus der Luft? – Ein hartnäckiger Briefwechsel – »... für ausländische Besucher noch nicht freigegeben«

IX. Das Rätsel der steinernen Scheiben 123

Meine Fata Morgana – Wunder gibt es immer wieder – Der merkwürdige Fund von Bayan Kara Ula – Wer waren die Dropas und die Chams? – Eine sensationelle Entschlüsselung – »Schallplatten« aus Granit? – Ein Dementi aus Peking – Flugkurs Moskau – Auch Kasanzew war ratlos – Eine verlockende Entdeckung – Alles nur Schimäre? – Und noch einmal nach China – Ein dubioser Name? – Seit zehn Jahren archiviert – Eine peinliche Episode – Neue Informationen – Erfreuliche Begegnung – Endlich Fotos von den Steinscheiben! – Zwei ausführliche Interviews – Im Panpo-Museum von Xian – Auf heißer Spur

X. Chinesen flogen zum Mond 145

»Es gibt fliegende Untertassen...« – Mißlungener Raketenstart – Die ersten Astronauten Chinas – Der »magische Bogen« – Hou Yis Mondlandung – Ein Schiff, das zwischen den Sternen hing – »Göttliche Herrscher« vor 18 000 Jahren? – Universelles Wissen aus dem All?

Danksagung 155

Literaturverzeichnis 157

»Glücksrede«

Ein Vorwort aus China

China ist ein uraltes Land. Seine vieltausendjährige Geschichte ist von den chinesischen Gelehrten stets gewissenhaft niedergeschrieben und der Nachwelt übermittelt worden.
In der Volksrepublik China gibt es auch heute sehr viele Menschen, die sich mit der Geschichte und den Aufzeichnungen Alt-Chinas beschäftigen. Sie sind jene Spezialisten, die alle in den Chroniken aufgeschriebenen großen Geschehnisse – dazu gehören auch die damals beobachteten Naturphänomene – aufmerksam analysieren und darüber engagiert diskutieren. In den vergangenen Jahren hat das Welträtsel der unbekannten Flugobjekte immer größere Beachtung gefunden und auch das Interesse der Gelehrten geweckt. Diese Spezialisten haben zusätzlich damit begonnen, die in altchinesischen Aufzeichnungen beschriebenen Erscheinungen, deren Identität bisher nicht geklärt werden konnte, aufmerksamer zu studieren.
Liest man diese alten Schriften, von denen es sehr viele gibt, dann wird einem klar, daß unsere Vorfahren – etwa jene aus der Han-Dynastie, 139 v.u.Z. – ebenfalls UFOs beobachtet haben dürften. Aus sehr konkreten Aufzeichnungen geht beispielsweise hervor, daß damals am Nachthimmel ein leuchtender, zehn Meter großer Gegenstand erschienen sei.
Im Jahr 314 v.u.Z. sahen einige Leute am Himmel vier leuchtende Körper. Einer dieser Körper stürzte zur Erde nieder, während die übrigen Objekte gemeinsam von West nach Ost davonflogen. Das abgestürzte UFO wurde mittels Zeichnung der Nachwelt erhalten.
Menschen aus dem Jahr 317 v.u.Z., so wird von den Chronisten berichtet, entdeckten ebenfalls drei strahlende Flugkörper. Sie sollen so intensiv geleuchtet haben, daß ihr Licht die Augen der Beobachter blendete. Die runden Körper dieser UFOs waren von einem Licht-

kranz umgeben, der in seinem Zentrum rot schimmerte. Diese Objekte wurden auf einen Durchmesser von etwa zehn Metern geschätzt. Schen-Kuo, ein berühmter Wissenschaftler im alten China, hat UFO-Phänomene ausführlich beschrieben. So lesen wir in seinem bekannten Werk »Meng-xi-Gespräch«:

»Vom Jahre 1056 bis 1063 konnte man in der Stadt Yangzhou der Provinz Kiangsu eine fliegende ›Perle‹ am Himmel beobachten. Am Anfang erschien diese ›Perle‹ im Hügelgebiet des Tianchang-Kreises, dann flog sie oft über dem Bische-See, schließlich über dem Xinkai-See. Während einer Nacht bemerkte ein Schüler, der gerade ein Buch las, daß diese ›Himmelsperle‹ zu ihm niederschwebte. Zuerst sah er einen Spalt im Körper der ›Perle‹, dann beobachtete er ein strahlendes Licht, das von dem Spalt des Gegenstandes ausging. Es sah aus wie ein goldener Faden. Im selben Augenblick öffneten sich an dieser ›Perle‹ zwei kugelartige Schalen, wodurch sich das fliegende Objekt gewaltig vergrößerte. Das Licht ging nun von den beiden Kugelschalen aus und strahlte so hell, daß man die Augen davon abwenden mußte. Der grelle Schein riß die Bäume über ein Gebiet von fünf Kilometer aus der Dunkelheit und ließ sie Schatten werfen. Es schien, als würde ein Feuer am Himmel brennen. Kurze Zeit später flog die ›Perle‹ über das Wasser des Sees davon und entschwand in der Ferne...«

Schen-Kuo besaß umfassende Kenntnisse und Begabungen auf dem Gebiet der Mathematik, Astronomie und Archäologie. Sein »Meng-xi-Gespräch«, ein wissenschaftliches Werk, das er in hohem Alter schrieb, genoß bei Chinesen und Ausländern gleichermaßen großes Ansehen.
War nun diese »Himmelsperle« ein Raumschiff außerirdischer Besucher? Wenn nicht, was könnte dieses fliegende Objekt sonst wohl gewesen sein? Irdische Bewohner besaßen damals nirgendwo auf der Welt mechanisch angetriebene Flugmaschinen...
Als chinesischer UFO-Forscher möchte ich an dieser Stelle meinen österreichischen Freund Peter Krassa grüßen. Ich empfinde es als bedeutsame Arbeit, daß er die in China entdeckten Spuren außerirdischer Besucher, die auf UFO-Landungen in der Neuzeit und im Altertum hindeuten, vom Standpunkt der Weltraum- und Erdarchäologie zu interpretieren versucht.

Peter Krassas Buch wird all jene, die es lesen werden (auch Chinesen), zum Nachdenken anregen; es wird immer mehr Menschen animieren, sich intensiver mit der Erforschung bislang ungelöster Rätsel der Natur zu beschäftigen. Dann erst wird es uns möglich sein, unseren Heimatplaneten, die Erde, wirklich und wahrhaftig zu entdecken.
Peter Krassa ist ein moderner Mensch, der die menschliche Vergangenheit nicht unbeachtet läßt. Ich wünsche ihm herzlichst große Erfolge bei seinem Streifzug durch die »utopische« Gegenwart und Vergangenheit Chinas.

Zhu Fu-zheng

Stellvertretender Chefredakteur der Zeitschrift
»The Journal of UFO-Research« (VR China)

I. UFO-Forschung in China

Nachprüfbare UFO-Erscheinungen – Erst nach Maos Tod ... – Paul Dongs Anteil – Kontakte mit chinesischen UFO-Forschern – Von Begegnungen der ersten Art – Eine ziemlich mysteriöse Geschichte – UFO-Grenzkrieg zwischen China und der UdSSR? – Geheime UFO-Basis?

Nachprüfbare UFO-Erscheinungen reichen in China zumindest bis in das Jahr 1947 zurück, und manche Beobachter sind von ihrem ungewöhnlichen Erlebnis nachhaltig beeinflußt worden. Das gilt auch für den Chefredakteur der monatlich erscheinenden Zeitschrift »World Books«, Chu Fook Tsang. Seit einer überraschenden UFO-Beobachtung unterstützt er Bestrebungen der Organisationen, die sich mit der Erforschung dieses Phänomens befassen.
Solange der allmächtige Mao den Weg der Volksrepublik China entscheidend bestimmte, waren Forschungsarbeiten in dieser Richtung freilich ausgeschlossen. Die streng materialistische Doktrin, die der Marxismus predigt, ließ in jenen Jahren vor und während der Kulturrevolution grenzwissenschaftliche Tendenzen nicht zu. Parapsychologie, die Lehre von den verborgenen übersinnlichen Phänomenen, und zwar Hellsehen oder Telepathie, besaß bei Mao ebensowenig Stellenwert wie die sogenannte Ufologie, die sich die Erforschung rätselhafter Flugobjekte zum Ziel gesetzt hat. Die Aversion marxistischer Ideologen gegen alles »okkult« Anmutende scheint verständlich: Übersinnliches, wie es etwa die Parapsychologie für existent erachtet, paßt einfach nicht in das materialistische Weltbild der Marxisten, die ja auch keine Gottheit über sich dulden. Für sie ist alles erklärbar und irdisch. Außer- oder gar überirdische Gegebenhei-

ten werden nicht akzeptiert. »Gläubige« Marxisten, so sie ihre Lehre buchstabengetreu erfüllen, sind daher natürlich auch überzeugte Atheisten. Sie fühlen sich hilflos gegenüber allen nicht mit Händen greifbaren, zunächst unerklärlich scheinenden Phänomenen. Und UFOs sind ihnen, verständlicherweise, ganz besonders suspekt.

Von dieser Warte aus betrachtet, begreift man die vordem ablehnende Haltung der chinesischen Führung gegen grenzwissenschaftliche Forschungsbestrebungen. Und so mußte erst Mao sterben und die heute an allen negativen Einflüssen in China schuldige »Viererbande« aus dem Verkehr gezogen werden, ehe eine Wende zum Besseren möglich wurde.

Wenn man die Vertuschungskampagnen vieler Länder, so der beiden Supermächte USA und Sowjetunion, zum Maßstab nimmt, wo die Existenz der UFOs wider besseres Wissen unter den Teppich gekehrt wird, dann kann man nur Achtung zeigen über das Bemühen hoher chinesischer Regierungsstellen, die den UFO-Forschern ihres Landes Zutritt zu Informationsarchiven, in denen Beobachtungen solcher Himmelsphänomene schriftlich und bildlich aufbewahrt sind, anstandslos gestatten. Ich habe es bei meinen Gesprächen mit UFO-Experten in China erfahren: Der jetzigen Regierung geht es wirklich darum, das Volk über alles Berichtenswerte im Zusammenhang mit UFO-Erscheinungen zu unterrichten. Beispielgebend waren hierbei eine TV-Ausstrahlung des amerikanischen Dokumentarfilmes »UFOs are real« im chinesischen Fernsehen sowie die großzügige Veröffentlichung von Büchern und Zeitschriften, die dieses Thema behandeln.

Einer der aktivsten Förderer der UFO-Forschung in der Volksrepublik ist der in Amerika lebende Chinese Paul Dong. Er ist leitendes Mitglied der amerikanischen UFO-Organisation APRO. Ihn interessiert natürlich alles, was sich an UFO-Ereignissen in seiner Heimat manifestiert. Als Abonnent zahlreicher chinesischer Wissenschaftsmagazine ist er über alle diesbezüglichen Vorkommnisse in China informiert.

Schon seit Jahren beobachtet Paul Dong die UFO-Szene in der Volksrepublik, und als er Ende 1979 von dem Aufruf des an der Universität »Wa-han« Physik studierenden Cha Lok Ping erfuhr, der an seine Landsleute appellierte, ihre UFO-Beobachtungen bekanntzugeben, beschloß Paul Dong, die Initiative zu ergreifen. Er wurde 1980 Mitglied der eben erst gegründeten »Gesellschaft für Zukunftsforschung« und schrieb seitdem für verschiedene chinesische Zeitungen regelmäßig informative Beiträge.

Paul Dongs Anteil am Ansteigen des UFO-Interesses in der Volksrepublik ist unbestritten. Nun wurden Chinas Massenmedien auf diese Himmelsphänomene aufmerksam. Und jetzt erst wagten auch Außenstehende, sich zu melden. Typisch dafür war die Reaktion eines Angehörigen des Generalstabs der Volksarmee, der einer Zeitung Fotos zur Verfügung stellte, die er und einige seiner Freunde vor siebzehn Jahren von rätselhaften Flugkörpern aufgenommen hatten. Der ranghohe Offizier hielt seine Bilddokumente bisher – aus verständlichen Gründen – geheim. Sein UFO-Erlebnis hatte er in der Region Xinjiang.

Es gibt inzwischen eine recht ansehnliche Liste von Meldungen über UFO-Erscheinungen aus dem Land der »Himmelssöhne«, auch eine Anzahl gelungener Fotos von diesen unbekannten Flugobjekten.

Während meiner ersten China-Reise, zu Lebzeiten des Vorsitzenden Mao, hatte ich nicht einmal die winzigste Information über UFOs in Erfahrung bringen können. Ganz anders war es, als ich dieses faszinierende Land zum zweiten Mal besuchte.

Schon Monate vorher hatte ich mit dem chinesischen UFO-Forscher Zhu Fu-zheng, der in Peking wohnt und arbeitet, Briefkontakte aufgenommen. Innerhalb von vierzehn Tagen kam die Antwort. Zhu Fu-zheng schrieb:

»Ich bin 35 Jahre alt und arbeite zur Zeit als Redakteur bei der Zeitschrift ›World-Books‹. Durch die Ermunterung von Herrn Paul Dong, dem Mitglied der APRO in Amerika, und mit der Unterstützung von Herrn Dr. J. Allen Hynek, dem Sekretär von CUFOS in den USA, habe ich die erste UFO-Zeitschrift, und zwar ›The Journal of UFO-Research‹, in China bei einem öffentlichen Verlag herausgegeben...«

Auch nach meiner Rückkehr nach Österreich riß der Briefkontakt mit meinen chinesischen Freunden nicht ab. Wir korrespondierten regelmäßig, tauschten Erfahrungen und Informationen aus. Einige Fotos in diesem Buch wurden mir aus chinesischen Archiven zur Verfügung gestellt.

So erfuhr ich auch ein Detail über den Bericht des bereits erwähnten Angehörigen des Generalstabs der chinesischen Volksarmee. Dieser Offizier, er heißt Han Yuyang, der bekanntlich Bildmaterial über

UFO-Erscheinungen siebzehn Jahre unter Verschluß gehalten hatte, erzählte Pekinger Zeitungsleuten, er habe zwischen 1964 und 1970 gleich viermal ein ovales Flugobjekt bestaunt, das jeweils von einem flimmernden Lichtring umgeben gewesen sei. Han Yuyang beschrieb die UFOs als »klein, ungefähr von der Größe eine Volleyballs, mit einem schimmernden, milchigen Schwanz«, was bedeuten kann, daß diese Objekte ziemlich hoch geflogen sein dürften. Und noch etwas war Han Yuyang aufgefallen: »Sie drehten sich jeweils im Uhrzeigersinn.«

Als das UFO davonflog, »sahen wir die Rückseite des Hauptkörpers«, erinnerte sich der Offizier. Dann fügte er hinzu: »Es sah aus wie ein Ball mit einem Ring aus rotem Feuer.« Es ist allerdings nicht so, daß UFO-Erscheinungen erst nach dem Zweiten Weltkrieg aktuell wurden.

Manche Berichte sind mehr als sieben Jahrzehnte alt. Aus dem Logbuch des holländischen Dampfers »Valentijn« wissen wir von einem Vorfall, der sich am 12. August 1910 in den chinesischen Gewässern ereignete. Zwischen Angst und Neugier hin und her gerissen, machte damals die Schiffsbesatzung eine außergewöhnliche Beobachtung. Die Männer sahen ein Phänomen, das den Schiffsfunker aufgeregt zum Festland kabeln ließ: »Vor uns auf der Wasseroberfläche erschien ein waagrecht liegendes glühendes Rad, das sich in raschen Drehbewegungen knapp über dem Wasser bewegte und in rasendem Tempo verschwand.«

Im Jahr 1926 wurde der bekannte Forschungsreisende Professor Nicolas Roerich während einer China-Expedition mit einem UFO konfrontiert. Auf dem Weg ins Karakorum-Gebirge sah er plötzlich ein seltsames Objekt am Himmel dahinjagen. Es war Morgen und ein strahlender Sonnentag – nichts trübte die Sicht. Erstaunt und neugierig beobachteten Roerich und die übrigen Expeditionsteilnehmer mit starken Ferngläsern die rätselhafte Erscheinung. Die Gruppe sah eine helleuchtende Scheibe, die unvermittelt den Kurs wechselte und mit rasender Geschwindigkeit aus dem Gesichtsfeld der Männer entschwand. Eine Verwechslung mit einem Flugzeug scheidet mit Sicherheit aus. 1926 gab es auf der Erde noch keinen Aeroplan, der imstande gewesen wäre, Zentralasien zu überfliegen. Seit dem ersten Versuchsflug der Brüder Wright im Jahre 1903 war noch nicht allzuviel Zeit verflossen.

Mysteriöser hört sich hingegen eine Geschichte an, die ich der amerikanischen Zeitschrift für grenzwissenschaftliche Phänomene, »Saga«, entnommen habe. Ich kann darüber nicht befinden, ob sich die Sache auch wirklich so, wie hier geschildert, abgespielt hat; ich gebe den Bericht nur deshalb wieder, weil er zwar auf den ersten Blick unwahrscheinlich anmuten mag, jedoch nicht unmöglich sein muß.

Der Berichterstatter, ein gewisser Dix Lester, beruft sich darin auf den Report des französischen Journalisten Pierre Gardin, der die unglaublich klingende Story von chinesischen Hongkong-Flüchtlingen gehört haben will.

Gleichzeitig sammelte Lester auch Informationen europäischer Korrespondenten in Moskau, deren Mitteilungen sich zu einem »erstaunlichen Bild« – wie er schreibt – zusammengefügt haben.

Sollten Lesters Ermittlungen auf Tatsachenmaterial beruhen, dann müßte Asien vor etwa einem Jahrzehnt von einer regelrechten UFO-Welle heimgesucht worden sein. Dabei erstreckte sich das Operationsgebiet der fliegenden Scheiben vor allem entlang der nur dünn besiedelten Grenze zwischen der Sowjetunion und der Volksrepublik China.

Der Franzose Gardin übermittelte Dix Lester die wörtliche Wiedergabe eines Augenzeugenberichts: »Ich sah ein UFO mit meinen eigenen Augen«, behauptete einer der China-Flüchtlinge vor Journalisten in Hongkong. »Damals waren wir im Gebirge Großer Chin-gan; wir hatten viele Schafe verloren. Eines Nachts erschienen sechs rote Kugeln am Himmel. Eine von ihnen landete auf einer Ebene, etwa einen Kilometer von mir entfernt. Von der Flugmaschine gingen mächtige Lichtstrahlen aus, alles war taghell beleuchtet. Dann sah ich auch die UFO-Besatzung. Die Wesen ähnelten sowjetischen Kosmonauten.«

Diese Angaben stimmen bis auf einen Punkt mit Beschreibungen sowjetischer Beobachter überein, die ebenfalls mit einer »unheimlichen Begegnung dritter Art« konfrontiert worden waren. Auch sie sahen das landende UFO, erschraken über die grellen Lichtspiele des fremden Objekts, und auch die Russen behaupten, die UFO-Besatzung gesehen und erkannt zu haben. Die Fremden hätten genauso ausgesehen »wie Chinesen, waren von kleinem Wuchs und hatten orientalische Gesichtszüge«, gaben sie zu Protokoll.

Bei derartigen Charakterisierungen spielen emotionale Empfindungen eine wesentliche Rolle. Die Angst und das Mißtrauen zwischen der sowjetischen und der chinesischen Bevölkerung – von den Machthabern beider Staaten geschürt – treiben die skurrilsten Blüten. Was immer die unfreiwilligen Beobachter gesehen haben, es waren bestimmt weder sowjetische noch chinesische Raumfahrer. Assoziationen dürften zu jenem Zerrbild geführt haben, das automatisch zum Feindbild aus dem Nachbarland ausartet.

Die im sowjetisch-chinesischen Grenzgebiet aufgetretenen UFO-Erscheinungen drohten Mitte April 1970 zu einer kriegerischen Auseinandersetzung zwischen den beiden Ländern zu eskalieren.

Tatsächlich kam es zu mehreren ernsten Zwischenfällen in diesem Raum. Dix Lester beruft sich dabei vor allem auf die sowjetische Nachrichtenagentur TASS, die damals immer wieder von eindeutigen Grenzverletzungen chinesischer Armeeangehöriger berichtete.

Am 24. April 1970 schien die Angelegenheit bedrohlich zu werden. Ein russischer Überschallbomber, mit einem Geheimauftrag zwischen Moskau und Wladiwostok unterwegs, verschwand spurlos über sibirischem Gebiet.

Mehr als 200 Suchflugzeuge überflogen später die Gegend, aus der der letzte Funkspruch des Bomberpiloten vernommen worden war. Sie mußten unverrichteter Dinge wieder abdrehen. Mysteriös klangen auch einige Funksprüche, für deren Wortlaut sich Dix Lester verbürgt und die die sowjetische Luftwaffe in Alarmbereitschaft versetzten: »Wir sind hier oben nicht allein«, soll es da geheißen haben, »über uns befinden sich fremde Luftschiffe, mindestens fünfundzwanzig, vielleicht sogar mehr.«

Dix Lester zitiert auch Angaben eines Piloten, der die unbekannten Flugobjekte folgendermaßen beschrieb: »Sie sind groß. Die größten Dinger, die ich jemals gesehen habe. Aber sie sind zu hoch; wir können nicht nahe genug an sie herankommen.«

Noch am Nachmittag des 24. April 1970, liest man bei »Saga«, sollen in Krasnojarsk unverzüglich Sowjetstreitkräfte in Stellung gebracht worden sein. Der Grund für diese Blitzaktion war einleuchtend: Über der Stadt operierten plötzlich, völlig geräuschlos, ganze UFO-Formationen. Von verschiedenen, entlang der mongolischen Grenze stationierten Geschützen wurden Flugabwehrraketen abgefeuert, als »Hunderte leuchtende Scheiben« über den Himmel rasten.

Die zahlreichen Berichte über UFO-Aktivitäten im Grenzgebiet veranlaßten die sowjetischen Geheimdienstoffiziere, bestimmte Vermessungen vorzunehmen. Man versuchte auf diese Weise, den möglichen Startplatz der UFOs – ihre geheimen Erdbasen – zu ermitteln. Das behauptet jedenfalls Dix Lester.
Angeblich soll es den Russen tatsächlich gelungen sein, die Stützpunkte der Flugscheiben zu lokalisieren. Dazu war es freilich notwendig, sämtliche Fluglinien der mysteriösen UFO-Invasoren auf den Karten zu verzeichnen. Alle Linien liefen auf einen Punkt zusammen – auf ein Gebiet, das 1600 Kilometer nordöstlich von Ulan Bator lag. Es gehört zur Mongolei und befindet sich nahe der sowjetisch-chinesischen Grenze.
Moskauer Korrespondenten registrierten damals sehr aufmerksam: Am 26. April 1970, zwei Tage nach dem rätselhaften Verschwinden jener geheimnisvollen Kuriermaschine zwischen Moskau und Wladiwostok, wurden sämtliche sowjetischen Streitkräfte in Alarmzustand versetzt. Unentwegt transportierte die Eisenbahn Panzer und Kanonen nach Sibirien. Die Hauptstraßen nach dem Osten waren voll von riesigen Lkw-Kolonnen. Drei Divisionen wurden an neue Standorte in das betreffende Gebiet verlegt.
Neugierigen Journalisten wurde erzählt, die Armee-Einheiten seien unterwegs zu den Frühjahrsmanövern. Währenddessen überflogen russische Aufklärungsflugzeuge laufend die chinesische Grenze und fotografierten jeden Quadratmeter des Sektors nordöstlich von Ulan Bator. In der Nacht zum 28. April 1970 habe sich dort der Himmel unheimlich verfärbt, schreibt Dix Lester. Er beruft sich auf Informationen britischer Korrespondenten in Moskau. Sowjetische Luftstreitkräfte hatten demnach in dem ausgekundschafteten Zielgebiet zugeschlagen.
Bewohner von Ula Bator jedenfalls schworen Stein und Bein, daß dort Atombomben zum Einsatz gekommen seien. Beweise hierfür gibt es allerdings keine.
Bemerkenswert war in jenen Apriltagen lediglich der Umstand, wie sehr diese spektakulären Ereignisse von den Medien beider Staaten verniedlicht worden sind. Man begnügte sich da und dort, ein paar grimmige Kommentare über einen »Grenzzwischenfall« abzugeben.
In Hongkong war man etwas gesprächiger. Der Rundfunk meldete, bei einem kürzlichen Grenzkonflikt zwischen der Volksrepublik und

der UdSSR seien Hunderte Mongolen und Chinesen ums Leben gekommen. Ein sowjetisches Flugzeuggeschwader habe einen geheimen chinesischen Stützpunkt nahe der sibirischen Grenze angegriffen und durch einen Atombombenabwurf vernichtet.

Dix Lester beteuert den Wahrheitsgehalt seiner mysteriösen Geschichte und will zudem mit DDR-Schülern gesprochen haben, die während dieser kritischen Phase die Mongolei bereisten. Die jungen Leute sollen nicht nur die Rundfunkmeldung aus Hongkong bestätigt haben, sie präzisierten sie angeblich sogar dahingehend, daß die UdSSR bei ihrer Attacke im Gebiet von Ulan Bator eine geheime UFO-Basis zerstört haben soll. Diese bestand den Berichten nach aus kilometerlangen unterirdischen Tunnels sowie aus Dutzenden pyramidenähnlichen Bauten im Norden der Mongolei. Erst nach diesem Bombardement, so Dix Lester, sei die UFO-Welle über dem sowjetisch-chinesischen Grenzgebiet vollständig verebbt.

Eine sonderbare Geschichte. Für ihren absoluten Wahrheitsgehalt kann ich mich allerdings nicht verbürgen. Mir fehlen hierzu die schlüssigen Beweise...

II. Ein ungewöhnlicher Sonnenaufgang

Ein helles weißes Licht... – »Es flog ganz wunderbar« – Innerhalb dreier Tage ausverkauft – Eine akademische UFO-Studiengruppe – »Existieren fliegende Untertassen?« – UFO-Interesse steigt sprunghaft an – UFO-Diskussion in Chinas Zeitungen

Für Hsing Sheng und Bi Jiang war es der ungewöhnlichste Sonnenaufgang ihres Lebens. Doch dieses helle weiße Licht, das sich da um 4.08 Uhr morgens über dem Bergland Changping, nahe der berühmten Chinesischen Mauer, erhoben hatte, konnte ganz gewiß nichts mit der Sonne zu tun haben. Das war den beiden Studenten, die am Vorabend dieses 24. August 1980 mit ihren Fahrrädern von Peking aus zum Zelten in das hügelige Gebiet rund um die Landeshauptstadt hinausgefahren waren, sehr schnell klargeworden.

Um besser beobachten zu können, kletterten Hsing Sheng und Bi Jiang näher an die Lichterscheinung heran. Was sie nun sahen, beschrieben beide Augenzeugen später als ein schwebendes Objekt, das drei Sternen ähnelte, die zu einem auf dem Kopf stehenden »T« angeordnet waren. Um ein dunkles Zentrum sei ein Lichtring zu sehen gewesen – die Mitte des Objekts schien zu rotieren. Der ganze Spuk lief jedoch völlig geräuschlos ab.

Hsing Sheng und sein Studienfreund beobachteten das UFO – denn nur um ein solches konnte es sich handeln – eine halbe Stunde lang, und weil Hsing Sheng seinen Fotoapparat bei sich trug, nutzten die beiden die Gunst der Stunde und machten von der Lichtererscheinung einige Aufnahmen. Während dieser Zeit verharrte das Objekt über einem der Berghänge, um dann aufzusteigen und sich mit rasender Geschwindigkeit zu entfernen.

»Es flog ganz wunderbar«, schwärmten die beeindruckten Studenten später, wenn sie von ihrem Erlebnis berichteten. Diese UFO-Erscheinung wurde in der gesamten Volksrepublik China bekannt. Dafür sorgten die Printmedien.

Hsing Sheng hatte es nicht versäumt, seinen Film einer Zeitungsredaktion zu schicken. In diesem Fall war es die der »Pekinger Abendnachrichten«, wo die Negative entwickelt und die leidlich gelungenen Fotos veröffentlicht wurden. Der Zeitungsherausgeber war von den UFO-Bildern sehr beeindruckt. In seinem Blatt konnte man sogar lesen, man habe die ersten in China gemachten Fotografien über UFO-Erscheinungen veröffentlicht.

Was natürlich eine Zeitungsente war und von den »Pekinger Abendnachrichten« am nächsten Tag korrigiert werden mußte. Es meldeten sich nämlich zahlreiche Leser in der Redaktion, die den erstaunten Journalisten eine Menge älterer UFO-Fotos präsentierten, die oft schon vor Jahrzehnten auf chinesischem Territorium aufgenommen worden waren. So gibt es eine Aufnahme aus dem Jahr 1942, die eine Geschäftsstraße in der Hafenstadt Tientsin zeigt, auf der – zwar sehr klein, aber doch gut sichtbar – ein kuppelförmiges UFO am Himmel zu erkennen ist. Auch ein Foto aus Taiwan fand nunmehr in chinesischen Zeitungen Verbreitung. Es entstand 1973 und zeigt zwei im Luftraum manövrierende Flugobjekte unbekannter Herkunft. Und sogar ein japanischer Handelsreisender meldete sich bei den »Abendnachrichten«. Er legte den Redakteuren einige Aufnahmen aus dem Jahr 1981 vor, die er von den UFO-Erscheinungen über Peking und Schanghai machen konnte.

Während meines zweiten China-Aufenthaltes wurde mir all das und noch manches mehr von meinen Freunden Zhu Fu-zheng und Shi Bo berichtet. Mehrere Stunden diskutierten wir in meinem Hotelzimmer über rätselhafte UFO-Phänomene rund um die Welt.

Stolz zeigte man mir eine damals eben erschienene Ausgabe. Die Zeitschrift, so erfuhr ich, sei bereits innerhalb dreier Tage (!) in ganz China vergriffen gewesen.

Zhu Fu-zheng und Shi Bo sind selbstverständlich ebenfalls Mitglieder jener »Gesellschaft für Zukunftsforschung«, einer Organisation, der zum Zeitpunkt meines China-Aufenthaltes rund fünfhundert Mitglieder aus allen Bevölkerungsschichten, über zwanzig Provinzen des riesigen Landes verteilt, angehörten. Diese Vereinigung ist jedoch nicht mit bei uns bekannten Gruppierungen von dubiosen UFO-Sektierern gleichzusetzen, wie sie (leider) in vielen Ländern Europas und Übersee anzutreffen sind. Im Gegenteil, sie genießt auch in wissenschaftlichen Kreisen Anerkennung. Das beweist die offizielle Sponsorentätigkeit der Chinesischen Akademie für Sozialwissenschaften in Peking, wird aber auch durch das offenherzige Engagement von Fachleuten wie Zheng Wenguang und Sun Wuli unterstrichen, die von den UFO-Phänomenen ebenso fasziniert worden sind wie der in den USA lebende Chinese Lin Wenwei, Mitglied des amerikanischen Gegenstücks der »Gesellschaft für Zukunftsforschung« – der APRO. Lin Wenwei, der bei den chinesisch-amerikanischen Handelsbeziehungen eine wichtige Rolle spielt, fungiert auch als Verbindungsmann zur APRO.

Zwei wichtige Ereignisse hatten dazu geführt, der UFO-Forschung innerhalb Chinas grünes Licht zu geben. 1965 war die Achtmillionenstadt Peking von zwei helleuchtenden, scheibenförmigen Objekten überflogen worden. Das führte damals zu beträchtlicher Aufregung unter den Menschen. Zwei Jahre später ereignete sich über den Vororten der Stadt ein ähnlicher Zwischenfall. Tausende beobachteten die blitzenden roten Lichter eines globusförmigen Objekts, das das Firmament mit unglaublicher Geschwindigkeit durchschnitt, plötzlich ruhig in der Luft schwebte, um dann seinen rasend-schnellen Flug fortzusetzen, bis es hinter dem Horizont verschwand.

Offizielle Stellen betrachteten beide Vorkommnisse als Verletzung des chinesischen Luftraums. Sie verdächtigten Taiwan, den Prototyp eines neuentwickelten Flugzeugs über der Volksrepublik China erprobt zu haben. Weil aber bei der Bevölkerung, die sich auf beide Erscheinungen am nächtlichen Himmel keinen Reim machen konnte, die Spekulationen überhandzunehmen drohten – und weil man auch Angst vor einer unbekannten Superwaffe hatte –, wurde schließlich die Gründung einer akademischen UFO-Studiengruppe bewilligt. Zu diesem Zeitpunkt hatte sich allerdings auch an Chinas politischer Spitze ein tiefgreifender Wandel vollzogen. Erst nach dem Ableben Maos und der Absetzung der sogenannten »Viererbande«, als gewisse liberale Tendenzen in den Führungsgremien des Landes deutlich wurden, wagten es die Gelehrten, sich auch für Randgebiete der Wissenschaft zu interessieren. Bald kam es zu ersten publizistischen Veröffentlichungen. Am 13. November 1978 konnte sogar auf Seite 6 in dem offiziellen Zentralorgan der chinesischen Kommunisten, der »Pekinger Volkszeitung«, ein dort sicher aus dem Rahmen fallender Artikel gelesen werden. Die Schlagzeile lautete: »UFOs – ein ungelöstes Welträtsel.«

Der Verfasser war ein gewißer Sheng Heng Yen, Redakteur an der Chinesischen Akademie für Sozialwissenschaften. Das von ihm behandelte Thema wurde bald danach auch im Pekinger Rundfunk gesendet, und weil jetzt sogar das wichtigste Blatt der chinesischen KP darüber geschrieben hatte, wagten sich auch andere Zeitschriften an das vordem so »heiße Eisen«. Die Zahl der Veröffentlichungen über UFO-Phänomene stieg sprunghaft an.

Am 21. September 1979 widmete sich die Wissenschaftsredaktion von Chinas zweitgrößter Tageszeitung »Guang Ming« dieser Thematik. »Existieren fliegende Untertassen?« fragte Chow Hsin Yen in einem der Artikel. Diese Veröffentlichung wurde später auch von der offiziellen Nachrichtenagentur der Volksrepublik China »Hsinhua« (»Neues China«) übernommen. Chow Hsin Yen arbeitet als Chefredakteur in der Wissenschaftsabteilung für TV-Informationen beim landesweiten Zentralreisebüro »Lüxingshe«.

In seinem Bericht lesen wir, eine Gruppe von Wissenschaftlern habe während einer Expedition in der Provinz Hebei unbekannte Flugobjekte beobachtet. Für dieses Geschehnis gab es noch weitere Augenzeugen: Mitglieder der chinesischen Armee, die in dem Gebiet gerade Manöverübungen abhielten. Dann allerdings dauerte es bis zum 12. Mai 1980, ehe in der Zeitung »Guang Ming« ein weiterer Bericht über unbekannte Flugobjekte gelesen werden konnte. Er enthielt aber immerhin einige wichtige Aussagen von Piloten, Wissenschaftlern sowie von Augenzeugen aus aller Welt, die angeblich UFO-Beobachtungen gemacht hatten. Dieser Artikel war mehr als andere im stande, überall in China die Neugier und das Interesse an dem weltweiten Phänomen zu wecken. So wurde die Redaktion der Zeitschrift »Aerospace Knowledge« – sie befaßt sich vorrangig mit Dingen, die mit Atmosphäre und Weltraum zu tun haben – von Hunderten Leserbriefen förmlich überschwemmt. Viele Zuschriften wurden veröffentlicht, und fast einhellig appellierte man darin an die Regierung, eine offizielle Untersuchung der UFO-Vorfälle einzuleiten.

Was kaum für möglich gehalten wurde, trat ein: Die Lesermeinung führte in Chinas Provinzen zu einer beträchtlichen und durchweg zustimmenden Reaktion. Regierungsstellen genehmigten eine Untersuchung der rätselhaften Himmelserscheinungen und beauftragten die Universität von Wuhan, diese Aufgabe zu übernehmen.

So entstand der chinesische UFO-Studienverband, der sich inzwischen unter der Bezeichnung »Gesellschaft für Zukunftsforschung« zu etablieren vermochte. Über die Landesgrenzen hinaus wurde dieses Faktum allerdings erst fünf Monate später populär, als nämlich auch die offzielle Nachrichtenagentur am 4. Dezember 1980 davon Notiz genommen hatte.

Mit dem Ansteigen des UFO-Interesses begannen in der Volksrepublik China zwangsläufig auch die Diskussionen über Sinn oder Unsinn einer Erforschung dieses Phänomens. Ching Tao, ein Redakteur der Tageszeitung »Guang Ming«, zeigte seine Geringschätzung für dieses Thema sehr deutlich in Form einer Fußnote, die er einem am 12. Mai 1980 in diesem Blatt veröffentlichten UFO-Artikel beigefügt hatte: »Von dem in jüngster Zeit zugenommenen UFO-Interesse wird meiner Meinung nach viel zuviel Aufhebens gemacht. Wissenschaftlich gesehen sind die UFOs nur ein Teil im breiten Spektrum von Studie und Untersuchung«, schrieb er, um danach sein Urteil zu fällen: »Ohne eine wissenschaftliche Studie müssen UFOs als Produkte verwirrter Geister abgetan werden.«

Aber die Meinungen darüber waren nicht einhellig: Hsieh Chu, Chefredakteur der bereits erwähnten Zeitschrift »Aerospace Knowledge«, kommentierte: »Man kann nicht leugnen, daß UFOs existieren, was durch die große Anzahl von Beobachtungen in diesem Land bestätigt wurde.«

Nicht nur »Aerospace Knowledge«, sondern auch das Magazin »Wissenschaft und Leben« veröffentlichte inzwischen zahlreiche Berichte über UFO-Erscheinungen in China. Eine Begegnung der ersten Art hatte beispielsweise der Arbeiter Chen Yufu an einem Herbstnachmittag des Jahres 1970.

Der in einer Kohlenwaschanlage in der Provinz Shaanxi tätige Mann erblickte am Firmament ein leuchtendes Objekt, das einem »Waschbecken« geähnelt haben soll. Dem UFO sei ein Schwanz von Auspuffgasen gefolgt, erzählte der Arbeiter später. Es flog angeblich in westlicher Richtung davon, wobei es kurzzeitig über der Energiezentrale der Fabrik haltgemacht habe, wurde in der Zeitschrift detailliert berichtet.

Sechs Jahre später – am 9. September 1976 gegen 18 Uhr – sahen Angestellte der chemischen Fabrik »Jiangxi 2« ein metallisch und kupferfarben schimmerndes Objekt, das die Form einer Orgelpfeife hatte. Der am Himmel fliegende Gegenstand soll sich, so die Augenzeugen, während seines Manövers um die Längsachse gedreht haben.
1977 beobachtete ein Angestellter des astronomischen Observatoriums der Provinz Yünnan ein fliegendes Objekt über Chengdu, der Hauptstadt der Provinz Sichuan. Dieses UFO konnte im Umkreis von 180 Kilometern auch von anderen Leuten gesehen werden.
Schließlich gab es einige Aufregung im Kommandoturm des Flughafens der Provinz Gansu, als über dem Flugfeld am 23. Oktober 1978 um 8.40 Uhr ein riesiges rechteckiges Gebilde aufkreuzte. Seine Flughöhe wurde von den Beobachtern auf sechs- bis achttausend Meter geschätzt. Maßstabgetreu übertragen, schien es an die tausend Meter lang zu sein.
Die in China bisher beobachteten fliegenden Objekte unbekannter Art und Herkunft können in drei Gruppen eingeteilt werden:
- Achtzig Prozent aller UFOs erschienen als scheibenförmige Objekte.
- Zehn Prozent der Flugkörper waren groß und rechteckig.
- Weitere zehn Prozent hatten ein undefinierbares Aussehen.

Das Auftauchen fliegender Untertassen ist nicht auf die Gegenwart oder jüngste Vergangenheit beschränkt. Auch im alten Reich der Mitte, und zwar in legendären Zeiten, scheint es hier UFO-Erscheinungen gegeben zu haben.
Im Yüeh-Gebiet, wo sich das mächtige K'un-lun-Gebirge befindet, kursieren zahlreiche Sagen, in denen von mysteriösen »fliegenden Glocken« die Rede ist. Diese glockenähnlichen Fluggeräte besaßen die Fähigkeit, auf geheimnisvolle Weise aufzutauchen, um auf ebenso undurchschaubare Art wieder zu verschwinden. Zweifellos sind die Erzählungen von den »fliegenden Glocken« uralt, denn bereits lange vor der Verbreitung des Buddhismus und des Christentums waren Glocken in China wohlbekannt.
Das Yüeh-Gebiet hat seinen Namen von dem »göttlichen« Baumeister Yü erhalten. Er kämpfte gegen den »neunköpfigen Drachen«...

III. Der Drache – ein kosmisches Symbol

Der Drachenmythos kam aus China – Die Väter der 1. Dynastie – Wurden die Ur-Drachen mechanisch betrieben? – Legendäre »Drachenwagen« – Von »Feuerrossen« und »Donnervögeln« – Flugzeugentwürfe aus dem Jahr 1300 v. u. Z. – Der Drache als Kriegswaffe – Absturz des »Donnergottes« – Chungming, der »Donnerrabe« – Ein »Ei« ohne Flügel – Wer war John Frum? – Die Ahnengalerie der Thai – Ch'ang-i, die »Knochenlose« – Die Tafeln der »ewigen Gesetze« – Das seltsame Völkchen der Toradscha – Das »hängende Haus«

Drachen haben auch in unserer Sagenwelt Tradition. Sie gelten allgemein als Resterinnerung an urzeitliche Geschehnisse, an Dinge, die längst vergangen sind. Irgendwann, so wird behauptet, hätten diese Monster auch in unseren Gegenden ihr Unwesen getrieben. Riesige Vierbeiner, die damals Urwälder und Steppen bevölkerten – in Gestalt der uns bekannten Saurier.

Erst in späteren Erzählungen, die man sich am Lagerfeuer und vor dem offenen Kamin zuraunte, sind diese urweltlichen Kriechtiere zu jenen feuerspeienden, hornbeschuppten und tatzenbewehrten Drachen geworden, die dazu herhalten mußten, jungfräuliche Prinzessinnen und Ritterfräulein durch die Lüfte zu entführen und als Geiseln zu halten. Und das so lange, bis diese Ungeheuer von einem unerschrockenen Helden mit Schwert und Lanze vom Leben zum Tode befördert werden konnten.

Woher der Drachenmythos gekommen ist, läßt sich inzwischen durchaus feststellen: Er kam aus dem Fernen Osten zu uns – aus China, dem riesigen Reich der Mitte.
In den Legenden dieses Landes stoßen wir immer wieder auf Textstellen, die feurige und fliegende Drachen erwähnen. Heute noch können in der Volksrepublik China über manchem alten Hauseingang Drachenwahrzeichen besichtigt werden. Der Drache ist das heimliche Nationalemblem der Chinesen geblieben. Wohl wissen die Mao-Jünger heute damit kaum noch etwas anzufangen, aber ältere Chinesen, die es trotz der zerstörerischen Kulturrevolution in den sechziger Jahren nicht verlernt haben, die traditionelle Kultur ihres Landes hochzuhalten, sehen in dem Drachensymbol ein Sinnbild ihrer Zivilisation.
In den ältesten Mythen ist davon die Rede, daß Chinas Vorfahren auf »feurigen Drachen« auf die Erde kamen. Wohl liest man darin kein Wort von Raketen oder Raumfahrzeugen, doch finden sich beispielsweise in dem alten chinesischen Text »Huai-nan-tsu« Andeutungen in dieser Richtung, so, als ob im damaligen Reich der Mitte die Raumfahrt gang und gäbe gewesen wäre: »Geister stiegen oft zu den Menschen herab, um sie die göttliche Weisheit zu lehren«, wird berichtet. In seinem 108. Kapitel beschreibt dieser Text ein geradezu idyllisches Zeitalter: »Damals lebten die Menschen und Tiere in einem Paradies und waren in kosmischem Verstehen miteinander verbunden. Es gab keine Naturkatastrophen, das Klima war angenehm und mild, die Planeten gerieten nicht aus ihrer Bahn, Verbrechen waren unbekannt.«
In diesem paradiesischen Zeitalter muß es ein Vergnügen gewesen sein, auf unserem Planeten zu leben. Und das hat scheinbar etwas mit den legendären Drachen zu tun gehabt, findet sich doch im erwähnten Legendentext der Hinweis, die »Drachenkönige« seien gleichzeitig die Väter der 1. Dynastie Chinas gewesen. Waren diese »Drachenkönige« die Insassen jener »feurigen, himmlischen Drachen«?
Die Vermutung, bei den chinesischen Ur-Drachen könnte es sich um mechanisch betriebene Himmelsfahrzeuge gehandelt haben, gewinnt an Wahrscheinlichkeit, wenn man die detaillierten Drachenbeschreibungen liest. Diese Fabeltiere weisen nicht im geringsten jene Eigenschaften auf, die man ihnen einst in unseren Breitengraden zuschrieb. So erfährt man, die Ungeheuer seien auf Winden »gen Himmel

geröhrt« – eine akustische Wahrnehmung also –, sie seien aber auch imstande gewesen, bis in die Tiefen des Meeres hinabzustoßen. Möglicherweise kommen wir dadurch der ursprünglichen Bedeutung zahlreicher Drachensagen näher, in denen davon die Rede ist, daß so ein Ungeheuer eine schöne Prinzessin geraubt und streng bewacht habe. Heißt es doch in den mythischen Überlieferungen aus dem vorzeitlichen China überraschend deutlich: »Ab und zu entführten die Drachen auch Mädchen und brachten sie dann zu ihren Herren, die in den Wolken wohnten.«

Drachen als Kidnapper – das schlägt dem Faß den Boden aus! »Kontaktaufnahme« mit Irdischen war für die Besucher aus dem All seinerzeit offenbar auf jede Weise erlaubt. Moralische Rücksichten wurden keine genommen. Attraktive Erdentöchter hatten es den Himmlischen immer schon angetan.

Wir brauchen hierbei gar nicht die griechische Götterwelt zu bemühen, auch in den heiligen Büchern – so etwa im Alten Testament der Bibel – ist bekanntlich davon die Rede, daß »Göttersöhne« zur Erde niederstiegen, um sich mit den »Menschentöchtern« geschlechtlich zu vereinigen. Chinas Drachen waren also, das beweisen die Legenden dieses Landes nur allzu deutlich, nichts anderes als die Luftfahrzeuge der kosmischen Raumfahrer – eben jener »Herren, die in den Wolken wohnten«.

Der britische Schriftsteller W. Raymond Drake entdeckte alte Texte, in denen berichtet wird, daß »heilige Menschen und die Herrscher« ebenso auf Drachen geritten seien wie die Götter selbst. Yü der Große, Gründer der legendären Hia-Dynastie, besaß angeblich einen Wagen, der von zwei Drachen gezogen wurde. Er wird in den Annalen auch als »Herr der Lüfte« bezeichnet. Chinesische Künstler haben diese Überlieferungen der Nachwelt erhalten. Auf einem Grabstein in der chinesischen Provinz Schantung wurde beispielsweise eine Gravur hinterlassen, die sehr deutlich einen dieser legendären »Drachenwagen«, hoch über den stilisiert dargestellten Wolken fliegend, veranschaulicht. Das »fliegende« Gefährt ist ringsum von Drachenwesen eingekreist. Sie besitzen allesamt Flügel. Die Steingravierung zeigt fünf Flugtiere. Auf dem einen sitzt ein fahnentragender, behelmter Reiter. In dem fliegenden Gefährt selbst ist unter einem Dach der Herrscher erkennbar. Vor ihm sitzt der Wagenlenker. Das Original dieser Darstellung stammt aus dem Jahr 147 v. u. Z.

Sicher wird es manchen geben, der das Drachensymbol Chinas als Märchen ohne jeden Wahrheitsgehalt ansieht. Drachen, die fliegen konnten – lächerlich!
Aber sollten diese in den chinesischen Legenden immer wieder erwähnten Himmelswesen lediglich der menschlichen Phantasie entsprungen sein? Wäre es nicht denkbar, daß all diesen Erzählungen ein wahrer Kern zugrunde liegt?
Überlegen wir doch: Als die ersten Dampflokomotiven durch die amerikanischen Savannen fauchten, versetzten die schnaubenden Kolosse Amerikas Ureinwohner – die Indianer – zunächst in Angst und Schrecken. Nie zuvor hatten sie etwas Ähnliches gesehen. Sie besaßen dafür auch kein geeignetes Wort in ihrer Sprache. Also verwendeten sie eine Bezeichnung, die ihnen geläufig war. Und was war den roten Männern, aus eigenem Erleben, an Vergleichbarem bisher untergekommen? Pferde natürlich, Rosse. Folglich nannten sie jene rauchenden, funkensprühenden, auf Eisenschienen rollenden »Ungetüme« kurzerhand »Dampf-« oder »Feuerrosse«.
Versuchen Sie sich vorzustellen, Sie hätten noch nie zuvor ein Flugzeug gesehen. Schon gar nicht eines der modernsten Konstruktion – etwa eine Düsenmaschine. Sie leben in Gottes freier Natur, unbehelligt von allen technischen Errungenschaften. Die notwendige Nahrung holen Sie für sich und Ihre Sippe mit Hilfe einfacher Waffen. Mit einfachen Waffen, das bedeutet: mit Pfeil und Bogen. Technische Geräte sind Ihnen fremd. Sie haben davon nicht die geringste Vorstellung. Unsere Lebensformen sahen irgendwann vor Tausenden von Jahren sicherlich so ähnlich aus.
Eines Tages, Sie sind eben auf der Jagd, erschreckt Sie ein unheimliches Geräusch, das von oben her an Ihr Ohr dringt. Da jedoch der Himmel über Ihnen wolkenfrei ist, kann das dumpfe Grollen nicht von einem heraufziehenden Gewitter herrühren. Plötzlich wird Ihre Aufmerksamkeit von einem silberglänzenden Vogel in Anspruch genommen. Es ist seltsam: Das Tier hat zwar Flügel, scheint diese aber nicht zu bewegen, wie das sonst Vögel tun. Und doch schwebt es am blauen Himmel. Der rätselhafte »Vogel« kommt näher, und jetzt fällt Ihnen auch der Zusammenhang zwischen dem Silbervogel und jenem unheimlichen Grollen auf, das Sie an Gewitterdonner erinnert. Ihre Furcht nimmt zu. Was ist das für eine Erscheinung, die da am Himmel schwebt? Sollte sie etwas mit den Göttern zu tun haben? Sie wissen

nicht, worum es sich tatsächlich handelt, aber ganz automatisch versuchen Sie, das Ding da oben mit dem Ihnen geläufigen Wortschatz zu beschreiben: Es ist zweifellos ein Vogel, und er macht Lärm wie ein drohendes Gewitter.
Daraus ergibt sich eine neue Wortkombination: Was da oben fliegt, ist – ein »Donnervogel«. Später erzählen Sie Ihren Angehörigen und den Stammesältesten von Ihrem Erlebnis. Diese wiederum berichten davon anderswo, und bald ist Ihr unheimliches Abenteuer Tagesgespräch an den Lagerfeuern der nächsten Umgebung. Mit scheuem Blick nach oben erzählt man sich von einem geflügelten Tier am Himmel, das silbrig glänzt – von dem rätselhaften »Donnervogel«.
In den Mythen der Indianer werden tatsächlich diese geheimnisvollen Vögel erwähnt, die mit furchtbarem Lärm den Himmel durchpflügten. Ja, mehr noch: Aus ihren Schnäbeln sollen sogar fremde Wesen herausgekommen sein. »Götter«, die ihr ungewöhnliches Transportmittel auf eben dieselbe Weise wieder betraten, bevor sie die Erde verließen. Jedenfalls ist das der mythische Bericht, den die Medizinmänner der nordamerikanischen Haida-Indianer über ihre Vorfahren zum besten geben.
Sind das alles nur Phantasmagorien? So zu denken wäre voreilig. Der menschliche Geist nimmt die Anregungen für seine schöpferischen Gedanken aus authentischen Quellen. Um Phantasie zu entwickeln, bedarf es realistischer Anhaltspunkte. Welche Realität ist hinter dem Symbol des fliegenden Drachen versteckt?
»Hätte dieses fliegende Objekt die chinesischen Sitten, die Religion und das tägliche Leben so grundlegend beeinflussen können, wenn es niemals wirklich existiert hätte?« fragt Raymond Drake. Seine logische Folgerung: »Die Texte in Alt-China erzählen anscheinend in vielfarbiger Unbegreiflichkeit von feurigen, fliegenden Drachen, die den Himmel eilig durchstreifen, die ins Meer stoßen (wobei mit ›Meer‹ vielleicht das dunkle All gemeint war), von erschreckenden Wesen, von hitzeversengten Befestigungen, von verschrumpften Landschaften, von ›kidnappenden‹ Leuten und landenden Raumschiffbesatzungen.«
Der amerikanische Schriftsteller, Sinologe und Anthropologe Berthold Laufer beschreibt in seinem 1928 erschienenen Buch »The Prehistory of Aviation« seltsame Stiche, die er bei einem China-Besuch zu sehen bekommen hatte. Überrascht erkannte der Autor

illustrierte Entwürfe von Flugzeugen mit unbekannten Antriebssystemen. Diese Stiche stammten alle aus dem Jahr 1300 v. u. Z. Der Wissenschaftler meint zu dieser sensationellen Entdeckung:
»Meine Auffassung von der sogenannten mythologischen und legendären Periode in der Geschichte der Luftfahrt unterscheidet sich sehr von der meiner Vorgänger. Es ist eine bequeme Methode und nicht mehr als eine konventionelle Weise des Denkens, frühe Überlieferungen als mythologisch oder legendär abzustempeln. Dies ist eine engstirnige Phrase, die wenig Gewinn einbringt und aus der keine greifbare Bedeutung erwächst. Ein wißbegieriger Geist beschäftigt sich mit der Enträtselung der Struktur eines Mythos und sucht nach dem Zeitpunkt seines Ursprungs. Wenn es den Mythos gibt, wie konnte dieser plötzlich entstehen? So, wie es eine Logik des menschlichen Urteilens gibt, so gibt es auch eine Logik der menschlichen Einbildungskraft. Die Imagination des menschlichen Geistes kann sich keine Dinge ausdenken, die in der Realität überhaupt nicht vorhanden sind. Ein Produkt unserer Einbildung wird immer erst hervorgebracht durch etwas, das existiert oder worüber wir Grund haben anzunehmen, daß es existiert.«
Glaubt man den Chronisten, dann hat es im Reich der Mitte vor viertausend Jahren bereits mechanisch betriebenes Spielzeug gegeben; Miniaturdrachen gewissermaßen, die die Flügel bewegen und Feuer speien konnten, also Vorläufer unseres heutigen Kriegsspielzeugs. Aber auch andere vollmechanisierte Miniaturtiere, die sich sehr schnell über den Boden bewegten, waren vor vier Jahrtausenden im Land der »Himmelssöhne« nichts Besonderes. Interessant ist die Behauptung, die reichen Bewohner Alt-Chinas hätten sich damals durchaus das Vergnügen leisten können, künstliche Vögel, die singen und fliegen konnten, zu kaufen. Wer denkt da nicht unwillkürlich an das etwas rätselhafte Märchen des Dänen Hans Christian Andersen von der »künstlichen Nachtigall« des Kaisers von China? Woher hatte der Dichter die Idee zu seiner Erzählung? Hatte er sie aus mythischen Berichten dieses Landes?
Sicher ist jedenfalls, daß das Drachensymbol bei verschiedenen Völkern des Ostens anzutreffen war. Der deutsche Altertumsforscher Richard Hennig nennt in seinem 1918 in Berlin erschienenen Aufsatz »Beiträge zur Frühgeschichte der Aeronautik« in diesem Zusammenhang die Skythen ebenso wie die Parther und Inder.

Seiner Auffassung nach spricht eine hohe Wahrscheinlichkeit dafür, daß das stark chinesisch anmutende Drachensymbol aus Ostasien, und zwar aus China, zu den Völkern Vorderasiens und Europas gelangt sei. »Die Annahme hat um so mehr für sich«, rekapituliert Hennig, »als gerade im 1. und 2. nachchristlichen Jahrhundert zwischen dem Chinesischen Reich, das sich zeitweilig bis an den Aralsee und in die Nähe des Kaspischen Meeres ausdehnte, den Parthern und den Mittelmeervölkern besonders rege Handelsbeziehungen bestanden, die eine Kenntnis chinesischer Sitten und Gebräuche zunächst bei den Parthern, dann aber auch bei den übrigen Westvölkern geradezu als eine psychologische Notwendigkeit erscheinen lassen. Mag nun aber die Entlehnung des Drachensymbols von den Chinesen zutreffend sein oder nicht, in jedem Fall scheint die Verwendung der Drachengestalt im Heeresdienst eine Art von suggestiver Kraft besessen zu haben, wobei die Wahrnehmung mitgewirkt haben mag, daß das Bild des mißgestalteten Ungeheuers einem naiven und abergläubischen Feind Schrecken einflößte und Verwirrung schuf.«

Bei der Mongolenschlacht von Liegnitz am 9. April 1241 machten auch die Polen die Bekanntschaft mit diesem schreckenerregenden Feldzeichen. Der polnische Geschichtsschreiber Dlugosz legt davon Zeugnis ab, wenn er berichtet:

»Unter anderen Feldzeichen gab es im Heer der Tataren (Mongolen) eine ungeheure Standarte, auf der das Zeichen X abgemalt zu sein schien. An der obersten Spitze der feindlichen Standarte befand sich das Bild eines schrecklichen, ganz schwarzen Kopfes mit einem bärtigen Kinn.

Als sich nun die Tataren zurückzogen und zur Flucht wandten, begann der Träger jener Standarte das Haupt, das über den Schaft hinausragte, zu erschüttern. Sogleich entquollen ihm Dampf, Rauch und ein so stinkender Nebel, der das ganze Heer der Polen überflutete, daß die in dem schrecklichen, unerträglichen Gestank kämpfenden Polen – fast leblos und erstickt – zum Kampf und zum Widerstand untauglich gemacht wurden.«

Richard Hennig fand heraus, wann und wo die Mongolen diese Erfindung entdeckt und sie für eigene kriegerische Aktionen ausgewertet haben: »... und da der Ursprung dieses kriegerischen Hilfsmittels in diesem Falle unmittelbar auf das Hauptland der Drachenverehrung, auf China, zurückweist, haben wir um so mehr ein Recht, auch die römischen Drachenfeldzeichen der späteren Kaiserzeit über das Partherland auf China zurückzuführen. Wir hätten dann die eigenartige Erscheinung zu verzeichnen, daß ein und dieselbe chinesische Erfindung, die ursprünglich wohl nur eine belanglose Spielerei war, die sich aber schließlich zu einem wirksamen Kampfmittel umgestaltete, zu ganz verschiedenen Zeiten und auf völlig verschiedenen Wegen zweimal nach Europa gelangt ist – ein besonders deutlicher Beweis für die suggestive Kraft, die das Drachensymbol auf alle mit ihm in Berührung kommenden Völker ausgeübt haben muß.«

Der Altertumsforscher entdeckte in dem chinesischen Werk »Tung kiang-kang-nsu«, und zwar im 17. Buch der Geschichte der Sung-Dynastie, eine Informationsquelle, in der die Belagerung der chinesischen Stadt Pienking (heute Kaifeng) durch die Mongolen im Jahr 1232 und die Mittel, die sie dabei anwandten, beschrieben sind:

»Die Belagerten ließen einen Papiervogel steigen, auf den sie Schriftzeichen gemalt hatten. Als der Vogel über dem mongolischen Lager angekommen war, durchschnitten sie die Schnur, um die im Lager eingeschlossenen Gefangenen damit vertraut zu machen. Die Leute, die das sahen, sagten: ›Wenn der General den Feind mit Hilfe eines Vogels oder einer Papierlaterne vertreiben will, wird ihm das kaum gelingen.‹«

Richard Hennig schließt aus dieser Beschreibung, daß der Papierdrachen durch erwärmte Luft zum Schweben gebracht wurde. Diese Art von Kriegslist, wie sie im Jahr 1232 angewandt wurde, sei nicht eben neu gewesen, meint der Altertumsforscher, sei doch bereits in Homers »Ilias« der Drache eigens zu diesem Zweck, und zwar zusammen mit dem Medusenhaupt, als Schildschmuck verwendet worden.

»Eigenartig war nur der zweifellos den Chinesen entlehnte Gedanke, den Drachen Rauch und Feuer speien zu lassen. Welche Mittel dabei von ihnen angewandt wurden, wissen wir nicht«, wundert sich Hennig, gibt aber dann eine Textpassage des Chronisten Athanasius Kircher aus dem Jahr 1646 wieder, in der es heißt:

»Wenn aber jemand wünscht, daß die Maschine auch Feuer speit, so kann er dies erreichen, wenn er Röhrchen, die mit Schießpulver gefüllt sind, darin anbringen und einen Schwefelfaden in die Flamme hineinragen läßt. Dann wird diese bald den genannten Schwefelfaden aufzehren, den Schwefelzunder erreichen, der mit den Röhrchen in Verbindung steht, die ganze Maschine in wütendes Feuer verwandeln und somit, wenn die Flamme sie erreicht hat, mit schrecklichem Knall nach allen Seiten hervorströmen lassen.«

Egal wie diese technischen Spielereien im Ernstfall funktionierten – sie alle hatten einen gemeinsamen Ursprung: Sie kamen aus China. Dort, wo Schießpulver, Raketen oder der Kompaß bereits im Gebrauch waren, lange bevor wir Europäer diese Geräte benützten, hielt man die Tradition des geflügelten, feurigen Drachen seit jeher hoch, und die Weisen dieses fernöstlichen Volkes bewahrten die Erinnerungen an die Herkunft der Himmelswesen in ihren Gedanken und Aufzeichnungen.

So stoßen wir in den Mythen der Thai auf die Schilderung der doppelköpfigen Himmelsschlange Tien-she, die nicht nur die Thai, sondern auch die anderen chinesischen Volksgruppen in Angst und Schrecken versetzte. Wörtlich wird überliefert:

»Die Himmelsschlange verfinsterte den Himmel; dort, wo sie ihre Bahn zog, wurde den Menschen unter ihr das Atmen fast unmöglich. Ständig rieselte von ihrer Hülle weißer Staub zur Erde, führte nicht nur zu Atembeschwerden, sondern verursachte auch einen unheilbaren Ausschlag, der die Kräfte der Menschen verzehrte, bis sie elendiglich dahinstarben. Der weiße Staub der Tien-she erstickte aber auch alle Pflanzen und kleinen Tiere.«

Ist in dieser Erzählung die verheerende Auswirkung einer atomaren Strahlung erkennbar, die die Natur verseuchte und Menschen und Tiere dahinraffte? Wodurch wurde sie ausgelöst? Vielleicht durch einen Raumschiffabsturz, ähnlich wie es möglicherweise einen solchen in Rußland am 30. Juni 1908 gegeben hat? Damals explodierte acht Kilometer über der Steinigen Tunguska in Sibirien ein unbekanntes Flugobjekt mit dem Wirkungsgrad mehrerer Wasserstoffbomben. An die 8000 Quadratkilometer Wald wurden vernichtet, der Tierbestand durch eine rätselhafte Seuche, die auch Menschen befiel und tötete, stark reduziert. Noch Jahrzehnte nach dem Vorfall, den die Russen »Rätsel des Jahrhunderts« nennen, registrierten Geigerzähler in jenem Gebiet eine ungewöhnlich hohe Radioaktivität.

Ähnlich lesen sich die Symptome, die durch die Himmelsschlange Tien-she in China scheinbar verursacht wurden. Das Volk der Thai erzählt auch eine Legende über den »Donnergott«, dessen Wagen im Bezirk Yenling-hsien unter lautem Getöse und in einem Flammenmeer vom Himmel gestürzt sein soll. Gleiches sei auch einem anderen

Himmelsfahrzeug widerfahren. Auf jeden Fall hatten die »Luftschiffe« nur noch Schrottwert. Das Aussehen dieser Fahrzeuge ist uns in den Thai-Legenden überliefert: schwarze Fläche, Eberkopf, Hörner, Fledermausflügel, einen Pantherschweif sowie je zwei Krallenzehen an Füßen und Händen.
Natürlich wäre es naiv, derartige Beschreibungen wörtlich zu nehmen. Ich erinnere den Leser an das Beispiel der indianischen »Feuerrosse«. So wie die Rothäute dem schnaubenden Ungetüm auf Schienen einen ihren Gedankengängen und ihrem Sprachverständnis angemessenen Namen gaben, so mag dies auch auf die Beschreibungen der Thai zutreffen. Sie verglichen das Aussehen des »Donnerwagens« (eine Bezeichnung, die wohl durch die Akustik des Himmelsfahrzeugs abgeleitet worden war, und dessen Flugfähigkeit sie zwar erkannten, aber nicht verstanden) mit Begriffen des täglichen Erlebens. Aus technologischen Geräten wurden »Eberköpfe«, »Fledermausflügel«, »Krallenzehen« und dergleichen mehr.
In der chinesischen Mythologie finden wir mehrfach Beschreibungen von seltsamen »Vögeln«. In Wahrheit handelte es sich um künstlich hergestellte Fluggeräte, so wie jenes, das die Thai als »Wundervogel Chung-ming« bezeichneten. Übersetzt lautet dessen Name »doppeltes Licht«, was offensichtlich etwas mit der Scheinwerferbeleuchtung dieses Himmelsfahrzeuges zu tun gehabt haben muß.
Nach den Überlieferungen der Thai glich Chung-ming einem Hahn, kreischte wie der legendäre Vogel Phönix (der bekanntlich imstande war, sich immer wieder – und wie neugeboren – aus dem Feuer zu erheben, und der wahrscheinlich eine Flugmaschine gewesen ist), was auf den Motorenlärm hindeutet, und soll »von der Sonne« auf die Erde gekommen sein. Um jede Fehldeutung auszuschließen, wird von den Thai ausdrücklich erwähnt, daß dieser Wundervogel »dreibeinig« gewesen sei, was sehr deutlich auf ein mechanisches Gerät hinweist.
Chung-ming wird in einer anderen Version auch als »Vogel der Sonne« bezeichnet und in der Thai-Legende »Donnerrabe« genannt. Präzise wird vermerkt, daß das Tier als Transportmittel der tiergesichtigen Göttin Hsi-wang-mu verwendet wurde. Diese Göttin hatte ihr Hauptquartier auf dem K'un-lun-Gebirge und bewachte dort den »Lebenstrank«. Fast ist man versucht, hierin eine mystische Umschreibung der Treibstoffvorräte zu sehen, die von den Außerirdi-

schen für ihre Raumgleiter, mit denen sie in der irdischen Atmosphäre operierten, dringend benötigt wurden.
Vielleicht gab es innerhalb der Crew rivalisierende Gruppen – Rebellen, die mit der Expeditionsleitung unzufrieden waren. Das ist, zugegeben, eine Vermutung, aber sie erscheint nicht völlig aus der Luft gegriffen, heißt es doch in den Thai-Erzählungen sehr deutlich, Hsiwang-mu sei aufgrund ihrer verantwortungsvollen Aufgabe derart überlastet gewesen, daß ihr sogar Speise und Trank regelmäßig herbeigeschafft werden mußten. Als Transporter diente ihr Chungming, der »Donnerrabe«.
Seine offensichtlich sehr starken Suchscheinwerfer finden im übrigen eine feine Parallele in bestimmten tibetanischen Mythen. Die Tibet-Expertin und Philologin B. C. Olschak erzählt eine interessante Legende aus diesem geheimnisvollen Land. Sie lautet:

»Aus dem ungeschaffenen Wesen entstand ein weißes Licht, und aus dem Grundstoff dieses Lichts kam ein vollkommenes Ei hervor. Von außen war es strahlend, es war durch und durch gut; es hatte keine Hände, keine Füße und dennoch die Kraft der Bewegung; es hatte keine Schwingen und konnte dennoch fliegen; es hatte keine Augen, weder Kopf noch Mund, und dennoch erklang eine Stimme aus ihm. Nach fünf Monaten zerbrach das wunderbare Ei, und ein Mensch kam heraus.«

Bringt man diese Aussagen in die richtige Relation zum Geschehen, dann wird vieles verständlich. Es ist allerdings notwendig, sich in die Lage des Betrachters zu versetzen: Plötzlich sieht dieser am Himmel ein grelles (»weißes«) Licht. Mehr kann er zunächst nicht erkennen. Nach und nach jedoch schält sich aus der Lichterscheinung ein Körper. Dieser nimmt Konturen an. Der Chronist vergleicht das fremdartige Ding mit einem »Ei«. Offenbar war das Raumfahrzeug oval und hatte eine glatte Außenhülle. Die Sonne scheint sich darin gespiegelt zu haben (»von außen war es strahlend«), und der Augenzeuge bewunderte das Aussehen des »Eies«. Es hatte nichts Erschreckendes an sich, was möglicherweise zu dem Gesamturteil »es war durch und durch gut« geführt haben dürfte.
Der Tibetaner, der die Landung des kosmischen Fahrzeugs beobachtete, war über einige Details dieses UFOs ziemlich erstaunt, denn »es

hatte keine Hände, keine Füße und dennoch die Kraft der Bewegung«.
Vielleicht hatte der Pilot das Gefährt, bevor es am Boden aufsetzte, in die richtige Position manövriert.

Was den Augenzeugen besonders verwunderte, war, daß das »Ei« ganz ohne Flügel zu fliegen vermochte, und als ihn der Pilot – vielleicht über Bordlautsprecher – anredete, konstatierte der Tibetaner folgerichtig: »Es hatte keine Augen, weder Kopf noch Mund, und dennoch erklang eine Stimme aus ihm.«

Ob es nun tatsächlich fünf Monate dauerte, ehe sich der Insasse der Flugmaschine ins Freie bequemte, bleibt offen. Immerhin erkannte der Augenzeuge, daß sich der Pilot des »Eies« äußerlich nicht von ihm und seinen Stammesgenossen unterschied. Denn es wurde überliefert: »... und ein *Mensch* kam heraus.«

Sollten Sie nun meinen, hier habe der Buchautor eine willkürliche Kurve in Richtung »Raumfahrt« genommen, eine Deutung des Mythos sozusagen »außerirdisch« manipuliert, so sei hier eine wahre, nachweisbare Parallelerzählung erwähnt. Sie dürfte manches erklären, was den etwas verzerrten Inhalt des vorangegangenen Tibet-Mythos verursacht hat.

In seinem Buch »Unsere Wiege steht im Kosmos« gibt Professor Luis E. Navia einen interessanten Bericht von K. Muller wieder, der einen ähnlichen Vorgang zum Inhalt hat. Anthropologen, leitet Navia zunächst ein, seien in Australien und Neuseeland verschiedene Steinzeitkultur-Gebiete bekannt, in denen primitive Stämme seit dem Ersten Weltkrieg beharrlich aus Stroh und Lehm hergestellte Flugzeuge verehren. Sie wurden von den Eingeborenen zu göttlichen Wesen erhoben, hatten sie doch die Originale lange Zeit hindurch täglich am Himmel beobachten können. Noch drastischer entwickelten sich die Dinge jedoch auf der kleinen melanesischen Insel Tanna. Fernab jeder Technologie fristen ihre Bewohner heute noch ein anspruchsloses Leben. Seltsam ist auch ihre Religion:

»Sie konzentriert sich ausschließlich auf eine geheimnisvolle Gestalt, einen Gott, den sie als ›John Frum‹ kennen und der natürlich nicht unter ihnen weilt. Frum scheint ein legendärer Besucher gewesen zu sein, der vor mehreren Jahrzehnten bei den Melanesiern lebte – vielleicht in den vierziger Jahren, als während des Zweiten Weltkriegs Tausende von amerikanischen Soldaten und Matrosen auf den Inseln dieses Gebietes gelandet sind.«

Auch dieser John Frum gehörte wohl dazu. Ihn verschlug es wahrscheinlich auf die kleine Insel Tanna, wo es ihm gelang, ein äußerst positives Verhältnis zu den Eingeborenen herzustellen. Die wenigen Habseligkeiten, die er besaß, teilte er mit seinen Gastgebern – ein paar Münzen und Geldscheine, einen Helm und andere Kleinigkeiten. Sogar ein Foto, das wahrscheinlich den Amerikaner in Uniform zeigte, machte er dem Häuptling zum Geschenk. Außerdem erzählte Frum seinen neuen Freunden von der Heimat, den Vereinigten Staaten, und von seiner Sehnsucht, wieder dorthin zurückkehren zu können. Der gestrandete Ami dürfte auch über einfache medizinische Kenntnisse verfügt haben, vielleicht war er in seiner Truppe Sanitäter gewesen. Jedenfalls gelang es ihm, einige der Eingeborenen mit Hilfe von Medikamenten, die ein Soldat für Notfälle immer mit sich führt, von ihren Leiden zu heilen. John Frum unterschied sich auch äußerlich von seinen Inselfreunden, »er war größer, hatte hellere Haut, sprach seltsam und hatte merkwürdige Gewohnheiten«, erklärte Professor Navia.

So »geheimnisvoll«, wie er gekommen war – zumindest in der Vorstellung der Eingeborenen –, so plötzlich verschwand John Frum eines Tages von der Insel. Vorher versprach er ihnen, er werde zurückkommen, um ihnen viele weitere Dinge zu bringen. Er muß dem Stammesältesten versichert haben, seinem ersten Kommen werde bald eine triumphale, dauerhafte Rückkehr folgen.

Mag sein, daß Frum seinen Freunden versprochen hatte, er werde eines Tages »aus den Wolken« zurückkehren, also mit dem Flugzeug, um es in unserer Sprache auszudrücken. Als jedoch die Zeit verstrich und John Frum sich nicht mehr blicken ließ, ängstigten sich die Inselbewohner, ihr »Gott« – denn für einen solchen wurde der US-Soldat gehalten – sei über Sünden des Stammes dermaßen erzürnt, daß er sein Kommen deswegen verzögere.

»Als in letzter Zeit Besucher aus dem Westen nach Tanna kamen, fanden sie ein Volk vor, das auf die Rückkehr seines ›Gottes‹ wartete. Sie stellten fest, daß die Eingeborenen auf dem Rücken die mythischen Buchstaben ›USA‹ trugen, die sie mit Frum in Verbindung brachten«, berichtet Navia.

Die Inselbewohner gingen sogar so weit, ihre Besucher zu bitten, »Frum« zu einer Rückkehr zu bewegen, denn auf Tanna sei alles wieder wie zuvor, sie hätten die alten Gebräuche wieder angenom-

men, so wie sie es ihm einst versprochen hätten. Das Foto, das die Besucher auf Tanna zu sehen bekamen, ist natürlich keine Garantie dafür, John Frum identifizieren zu können, denn es kann irgendeinen von Millionen lebenden oder toten Amerikanern darstellen.
Professor Navia verweist in diesem Zusammenhang auf die unzähligen Parallelen in anderen religiösen Überlieferungen: »Manche Juden warten noch immer auf das Kommen des angekündigten Messias, der ihr Erlöser sein wird. Die Christen erwarten noch immer die Wiederkunft von Jesus Christus, der versprochen hat, aus dem Himmel, zu dem er aufgefahren ist, zurückzukehren. Dieser Gedanke einer Wiederkehr ist allerdings nicht auf wenige Religionen beschränkt. Er ist vielmehr fast universell.«
Zwei Dinge sind demnach beachtenswert:
● Die aus Unwissenheit von primitiveren oder naiveren Völkern vorgenommene Übertragung göttlicher Attribute auf leblose, also künstliche Gegenstände, die zum Artefakt religiöser Verehrung werden.
● Das von den »Göttern« gegebene Versprechen, bald wiederzukehren.
Es existiert kaum ein Sagenkreis, der nicht ähnliche Berichte von über- oder außerirdischen Wesen enthält. Nichts wäre trügerischer, als solche Worte auf die Goldwaage zu legen. Mit großer Wahrscheinlichkeit wurden alle diese Versprechen nur deshalb gegeben, um die völlig aus dem Häuschen geratenen »Gläubigen«, die in den Besuchern Abgesandte des Himmels sahen, zu beruhigen.
Es kann schon sein, daß bei diesem oder jenem »Gott« die Absicht bestand, später einmal Nachschau zu halten, was aus der primitiven Kultur, in deren Einflußbereich er für einige Zeit gelebt hat, geworden ist. In den meisten Fällen wurde jedoch bloß ein Scheinversprechen gegeben. Daß daraus einmal eine religiöse Hoffnung entstehen würde, das konnten die Fremden allerdings nicht ahnen. Für uns aber sind es wichtige Indizien für eine kosmische Interpretation der einzelnen Legenden. Es wäre dennoch falsch, daraus sämtliche religiöse Ursprünge ableiten zu wollen. Gerade hier gilt es – getreu einem biblischen Ratschlag – die Spreu vom Weizen zu trennen.
Kehren wir also zu dem tibetanischen »Ei« zurück: Auch von dem ersten mythischen König dieses Landes – er hieß Yehi – wird erzählt, er sei aus einer Muschel oder aus einer Eierschale geboren worden.

Die Tibetaner sehen in Yehi den Stammvater der menschlichen Rasse. »Eier« (oder was man dafür hielt) spielen auch in den mythischen Erinnerungen der Thai eine bevorzugte Rolle. Wolfram Eberhard hat in seinem 1942 in Peking erschienenen Buch »Monumenta Serica – die Lokalkulturen des Südens und Ostens« einige dieser Berichte gesammelt. So etwa jenen, der von der Familie Ch'en erzählt, auf deren Haus während eines Gewitters ein großes Ei gefallen sein soll. Es war so schwer, daß es das Dach des Hauses durchschlug, um dann auf dem Fußboden zu zerschellen. Wer beschreibt die Verblüffung der Familienangehörigen, als aus dem Wrack ein kleines menschliches Wesen kroch?

Laut Sagentext handelte es sich dabei um das Kind der Himmelsbewohner. Das erkannte auch die Familie Ch'en und kümmerte sich auf rührende Weise um ihren außergewöhnlichen Gast. Sie nahm ihn an Kindes Statt in ihren Kreis auf. Seit diesem Tag gelten die Nachkommen der Ch'en als legitime Abkömmlinge des »Donnergottes«.

In diesem Zusammenhang scheint es mir wichtig, darauf hinzuweisen, daß die Thai stets eigenständig geblieben sind und keineswegs zu den sonstigen Volksgruppen Chinas gerechnet werden dürfen. Sie sind im Süden des Riesenreiches ansässig und leben hier seit über 2300 Jahren.

Die Ahnengalerie der Thai beginnt mit der legendären Persönlichkeit von T'ai-Hao. Er war der erste von fünf mythischen Herrschern und soll vor etwa 5000 Jahren gelebt haben. *T'ai* bedeutet »Ur-«, »größte«, »höchste«, *t'ai-i* hingegen »die Einheit vor der Schöpfung«, während *t'au-chu* »Uranfang« und *t'ai-ku* »Urzeit« heißt. *T'ai-kung* wird in der Thai-Sprache mit »Weltall« übersetzt; *t'ai-hsü* ist der Begriff für »Weltenraum«.

Diese Erklärungen scheinen mir wichtig, weil sie auf die wahrscheinliche Herkunft des ersten Thai-Herrschers hinweisen. Der Name T'ai-Hao läßt darauf schließen, daß der Ahne dieses Volkes aus dem Kosmos gekommen sein könnte.

Parallel hierzu erzählt eine Thai-Legende, einstmals sei das »Ei« des Königs von Hsü auf die Erde gekommen – wobei es vom Mond aus gestartet sein soll –, habe dann plötzlich die Balance verloren und sei im Meer versunken.

Vorher aber dürfte der König einen »Schleudersitz« betätigt haben, denn nur er war imstande, sich zu retten. Die Sage weiß jedenfalls zu

berichten, der Fremde vom Mond habe später unter den Menschen gelebt und »das Wissen von den Sternen« unter ihnen verbreitet.
Auch eine »emanzipierte« Göttin soll es in China in grauer Vorzeit gegeben haben. Sie hieß angeblich Ch'ang-i, die »knochenlose« Königin, sei zur Erde gekommen und habe hier den ersten legendären Herrscher der Shang geehelicht, berichtet die Legende. »Die Knochenlose« unterrichtete später die Weisen ihres Volkes in der Kunst der Mondberechnung, doch dürfte Ch'ang-i das Erdendasein auf die Dauer nicht zugesagt haben. Als sich ihr Mann eines Tages von der Wächterin des K'un-lun-Gebirges, Hsi-wang-mu, das »Elixier der Unsterblichkeit« besorgte, stahl Ch'ang-i ihm das wertvolle Präparat und floh damit zurück auf den Mond. Handelte es sich bei diesem »Elixier der Unsterblichkeit« um Treibstoffvorräte, die die »Knochenlose« für ihre Rückkehr unbedingt benötigte, nachdem ihr Raumschiff eine Bruchlandung im Meer gemacht hatte?
Die mystischen Erinnerungen der Thai sind voll von Hinweisen auf mechanische Fluggeräte. Heute noch schmücken viele Angehörige dieses Stammes ihre Häuser mit Bildern, auf denen Eulen zu sehen sind. Doch damit ist keineswegs der uns bekannte Nachtvogel gemeint. Denn die Thai-Eulen, die als »Geisterwagen und vor allem nachts mit hohem Sausen über den Himmel zogen«, lesen wir in den Legenden, waren zweifellos künstliche Fluggeräte.
Solche Apparate gab es, behaupten jedenfalls die Thai in ihren Überlieferungen, angeblich auch im Wasser. So wird beispielsweise in einem legendären Text der Kampf zwischen dem »Donnergott« und einem Riesenfisch in dem Gebiet von Lei-chou beschrieben. In einer anderen Version dieser Sage handelt es sich um den in den Thai-Erzählungen immer wieder erwähnten »metallenen Fisch Ao« der Yüeh-Kultur. »Ao« soll wie ein Drache ausgesehen haben, außerdem »fraß er Feuer«. Der Riesenfisch – offensichtlich ein prähistorisches U-Boot – wurde stets mit der Seefahrtgöttin Kuan-Yin in Verbindung gebracht. Möglicherweise war sie die U-Boot-Kommandantin. Bei dem Gefecht versuchte der »Donnergott«, den Metallkoloß mit Hilfe seines »Geisterwagens« zu zerstören. Hatte dies den spektakulären Absturz des Himmelssohnes, von dem bereits berichtet wurde, zur Folge?
Welches Geheimnis umgab die »dreibeinige Schildkröte Nai«, von der in den Thai-Legenden ebenfalls die Rede ist? Sie soll im Fluß I

gelebt haben. Daß es sich bei dieser Schildkröte ganz gewiß nicht um ein Tier gehandelt haben kann, dafür spricht ihr dreibeiniger »Unterbau«. »Nai« muß ein Transportgerät gewesen sein, wird doch davon berichtet, daß sie die »ehernen Tafeln« (auch »Lo-Tafeln« genannt), in die die »ewigen Gesetze« eingeritzt worden waren, beförderte.

Weniger friedlich agierte ein anderer amphibischer Transporter, den die Thai »Chiao« oder »Schlangendrache« nannten. Das war möglicherweise ein Mehrzweckgerät, das eine vernichtende Kampfkraft entwickelt haben muß.

Von einem Volk im Umfeld chinesischer Kultur, das heute noch Erinnerungen an seine Götterwelt pflegt, berichtet auch der österreichische Forscher Herbert Tichy. Er besuchte die Insel Sulawesi, die zum Herrschaftsgebiet Indonesiens gehört. »Auf den Landkarten schwimmt Sulawesi wie eine Spinne mit gespreizten Beinen, wie eine Orchidee, mit weit geöffneter Blüte – auf dem tiefen Blau südlicher Meere, die hier so exotische Namen führen wie Flores-See und Makassar-Straße«, schreibt Tichy in seinem Buch »Tau-Tau«.

Ihn hatte die seltsame Gestalt dieser Insel neugierig gemacht; noch interessanter aber fand er die Toradscha. Sie gehören einem ostasiatischen Volksstamm an und bewohnen die Landstriche inmitten von Sulawesi.

»Steile Berge, schlechte Straßen und tropischer Regen bilden ein gutes Bollwerk gegen das Eindringen fremder Einflüsse«, schreibt Tichy. Nur dadurch hätten die Toradscha ihre alten Gebräuche bewahren können, folgert er in seinen Betrachtungen über die eigenwillige Insel. Beachtenswert sind die mythischen Erzählungen ihrer Bewohner. So sehen auch die Toradscha einzelne ihrer Herrscher als direkte Abkömmlinge eines Gottes, der Puang Tamborolangi hieß und vor zwanzig Generationen vom Himmel auf die Erde gekommen sein soll. Hier heiratete er eine Sterbliche, die Wasserprinzessin Sandabilik, die ihm acht Kinder gebar. Drei von ihnen waren Söhne, und diese gründeten drei Königreiche. Die Nachfolger der drei Könige herrschten über die Toradscha bis in unser Jahrhundert.

»Der letzte Puang von Sangalla ist erst 1968 gestorben«, berichtet Herbert Tichy. Durch Mischehen sei das »weiße« Blut der Puangs so sehr verwässert worden, fand der österreichische Forscher heraus, daß die letzten Nachkommen der früheren Herrscher nicht mehr als vollwertige Puangs anerkannt würden.

Die Toradscha sind überhaupt ein seltsames Völkchen. Sie leben völlig isoliert, auf einer Art Felsenburg. Die Toradscha-Häuser stehen meist vereinzelt im Gebirgsdschungel. Der Totenkult dieser Menschen ist ebenfalls bemerkenswert. Die Verstorbenen genießen bei den Toradscha besondere Verehrung. Sie werden Tag und Nacht bewacht – von rätselhaften Figuren aus Holz, die manchmal lebensgroß sind und »Tau-Tau« genannt werden.

Die Toradscha selbst sind davon überzeugt, einstmals vom Himmel gekommen zu sein. Und ihre Gottheit Puang Tamborolangi spielt dabei eine wesentliche Rolle. Bevor ich auf diese recht seltsame Legende näher eingehe, möchte ich – quasi als Parallele dazu – eine jener mythischen Erzählungen wiedergeben, wie sie der spanische Chronist Pedro Simon bei den Chibchas, einem kolumbianischen Indianervolk, aufgezeichnet hat. Darin heißt es wörtlich:

»Es war Nacht. Das Licht war in einem ›Etwas-Haus‹ verschlossen und kam daraus hervor. Dieses ›Etwas-Haus‹ ist ›Chiminigagua‹, und es barg das Licht in sich, damit es herauskam. Im Scheine des Lichts begannen die Dinge zu werden...«

Erich von Däniken erkennt in dieser sehr poetischen Beschreibung Hinweise, die auf die Landung eines außerirdischen Raumfahrzeugs hindeuten. Sie nannten das vom Himmel kommende Flugobjekt »Etwas-Haus«, und sie beschrieben das Gefährt, aus dem später die »Götter«, also außerirdische Besucher, heraustraten, in Begriffen ihres Verständnisses und ihrer Sprache, weil sie nie zuvor etwas Beeindruckenderes gesehen hatten.

Es war für mich frappierend, daß auch die Toradscha eine ähnliche Überlieferung besitzen. Sie berichtet von dem bereits erwähnten Gott Puang Tamborolangi, der offenbar sehr häufig zwischen Himmel und Erde pendelte. Wenn er das tat, dann geschah dies keineswegs geräuschlos. Im Gegenteil, die Gottheit überwand diese Distanz mit Lärm, Blitz und Donner.

Als Puang Tamborolangi wieder einmal die Erde betrat, überraschte er Sandabilik in flagranti: Sie und ein Sterblicher, weiß die Legende, hätten sich gerade eng umschlungen gehalten, als der Himmlische die Stube betrat. Das machte Puang Tamborolangi verständlicherweise wütend. Voll Zorn zerstörte er daraufhin jene Stiege, von der aus man von der Erde den Himmel erreichen konnte. Seitdem seien Himmel und Erde voneinander getrennt, behaupten die Toradscha.

Nur die unterste Stufe ließ Puang Tamborolangi angeblich stehen. Sie ist heute der Berg Buntu Kandora. Die anderen Trümmer, erzählen die Stammespriester, seien im Distrikt Kesu östlich von Rantepao verstreut. Sie werden Sarira-Hügel oder die »Felsen« genannt.

Offensichtlich gelüstete es Puang Tamborolangi, nachdem sein erster Zorn verflogen war, doch wieder danach, die Erde zu besuchen. Da er nicht mehr über jene Stiege herabkommen konnte, tat er dies auf andere Weise. Doch wie er es tat, macht die Sache auch für uns interessant: Er kam mit seinem Haus durch die Luft geflogen!

Das war ein komplizierter Vorgang, wird doch berichtet, daß dieses Haus einer Trommel geglichen habe. Das Wort *tamboro* bedeutet soviel wie »Trommel« und wird laut Tandilangi-Wörterbuch als ein Korb definiert, der aus Palmenblättern geflochten ist.

Mit einiger Überraschung lesen wir, daß Puang Tamborolangi mit seiner hausähnlichen Trommel nicht direkt auf der Erde gelandet sei. Vielmehr habe sich im Himmel ein Tor aufgetan, von dem aus die Trommel zur Erde niederschwebte. Das erinnert an die komplizierte Landung unserer Astronauten, deren Landefähre eine Einflugschneise benötigt, um unbeschadet niedergehen zu können. Der Einflugwinkel ist hierbei besonders wichtig. Von diesem hängt es ab, ob das Raumschiff in den Weltraum zurückgeschleudert wird oder gar in der Atmosphäre verglüht. Puang Tamborolangis Landeplatz war Ulin, unweit von Rantepao. Heute noch soll dort im Fels die Stelle zu erkennen sein, wo der Puang mit seiner Trommel landete.

Ein Detail in diesem Zusammenhang erscheint mir bemerkenswert: Die Toradscha nennen die fliegende Trommel ihres Gottes »Banua di Toke«, was soviel heißt wie – »hängendes Haus«.

Selbst Herbert Tichy erwähnt in seinem Bericht, daß er beim Anhören dieser faszinierenden Legende unwillkürlich an die urgeschichtliche Raumfahrt – und an Erich von Däniken erinnert wurde.

IV. Am Anfang aller Zeiten

In den Himmel entrückt – Pillen der Unsterblichkeit –
SOS in den Kosmos? – P'an-ku, der Götterbote – Eine
Säule zwischen Himmel und Erde – Kampf gegen den
Fackeldrachen – Beschreibungen von Allzweckgeräten

Im »Shu-Ching«, dem »Buch der Urkunden«, findet man die Bemerkung, im Reich der Mitte breche alles zusammen, wenn Kaiser oder Könige »emporsteigen«. Wieweit dies symbolhaft gemeint war, läßt sich kaum eruieren. Tatsächlich soll König Li (852–839 v. u. Z.) der letzte Herrscher Chinas gewesen sein, der nicht gestorben, sondern »emporgestiegen« ist. In solchen Situationen pflegte die Erde »aufzubrechen«.
Einmal mehr scheint des Rätsels Lösung in einer kosmischen Interpretation der chinesischen Vorgeschichte zu liegen. Aus dieser Zeit wird immer wieder von göttlichen Wesen berichtet, die das Reich geeint und eine bestimmte Zeit regiert haben sollen. Jeder Herrscher durfte sich mit dem Prädikat »Himmelssohn« schmücken, denn selbstverständlich betrachtete sich der Kaiser als legitimer Nachkomme jener »Söhne des Himmels«, die einstmals auf die Erde herabgestiegen waren.
Mag sein, daß die ersten irdischen Regenten von ihren »kosmischen« Lehrmeistern tatsächlich »in den Himmel entrückt« worden sind – vielleicht deshalb, um neue Instruktionen zu erhalten. Mag sein, daß den Zurückbleibenden der spektakuläre Abgang der Landefähre der »Götter« in Erinnerung geblieben ist. Daß die Erde – durch die Abgase der Raketendüsen und die ungeheuren Kräfte, die dabei frei wurden – in der Vorstellung der Augenzeugen eines solchen Starts »aufbrach«, ist durchaus zu verstehen.

Diese Vermutungen werden von zahlreichen Legenden unterstützt, die über derartige außerirdische Kontakte berichten. In diesen Überlieferungen finden sich noch weitere höchst sonderbare Geschichten, die uns heute jedoch kaum beeindrucken können. So liest man beispielsweise, die Alten jener Zeit wären im Besitz von »Pillen der Unsterblichkeit« gewesen, und sie hätten auch Präparate zur Erhaltung der immerwährenden Jugend besessen. Medizinische Errungenschaften also, die zunächst phantastisch anmuten, Ziele jedoch, denen die moderne Medizin in ihren Laboratorien seit Jahren entgegenstrebt.

Realistisch hört sich auch die Wirkung anderer Drogen an, die es damals in China ebenfalls gegeben haben soll. Etwa jener Medikamente, mit deren Hilfe »Reisende zu den Sternen« in eine Art Winterschlaf versetzt werden konnten, wobei der Körper des Schläfers für die Dauer einer Raumfahrt – denn nur um eine solche kann es sich dabei gehandelt haben – »im scheintoten Zustand« gehalten wurde, in einem Kälteschlaf also, wie das für Reisen zu fremden Sonnensystemen auch von unseren Raummedizinern durchaus erwogen wird. Anleitungen, auf welche Weise dieser Vorgang vollzogen werden konnte, wurden in verschiedenen alchimistischen Schriften aufgezeichnet. Wenn diese Angaben stimmen, soll es damals sogar Pillen zur Überwindung der Schwerkraft gegeben haben.

Der britische Sinologe James Legge (1815–1897) verfaßte nicht weniger als fünf Werke, die den Sammeltitel »The Chinese Classics« erhalten haben. Margarete Schneider, ehemalige Angehörige der bundesdeutschen Botschaft in Thailand, übersetzte mir daraus eine Legende, die nur dann deutbar erscheint, wenn man »kosmische« Maßstäbe an sie anlegt.

In dieser sagenhaften Erzählung wird davon berichtet, daß Herzog Wang bestrebt war, mit den »Unsterblichen« in Verbindung zu treten. Eile schien offenbar geboten, denn Chinas oberster Herrscher war schwer krank, sein Sohn und Nachfolger aber noch ein kleines Kind. Scheinbar benötigte er die Hilfe kosmischer Mediziner.

Herzog Wang wußte, was da zu tun war. Er besaß eine höchst sonderbare Truhe, die Legge in seiner englischen Übersetzung als »metal bound coffer« bezeichnet.

»Für mich könnte es sich dabei um eine ›Truhe der Gold-, Eisen- oder Metallbänder‹ gehandelt haben«, meint Margarete Schneider, die –

im Gegensatz zu dem britischen Sinologen – in durchaus modernen Gedankenbildern operiert. Sie war durch einen Texthinweis hellhörig geworden, in dem es hieß, der Herzog habe zunächst ein »Gebet« gesprochen, wonach dieses mit einem Stift auf eine durchlochte Scheibe »eingraviert« worden sei. Margarete Schneider hält es nicht für ausgeschlossen, daß die seltsame Apparatur eine Art vorzeitliches Funkgerät gewesen sein könnte. Mir selbst fällt bei dieser Beschreibung eine gewisse Parallelität zu jenen Scheiben auf, die man 1938 in Bayan Kara Ula gefunden hat. Auch dort ist von einem Loch in der Mitte der Scheibe die Rede sowie von einer eingravierten »Rillenschrift«. Wurde auf diese Weise der Nachwelt eine Botschaft übermittelt, die wir bisher nicht verstanden haben?

Ich gebe zu, das sind Vermutungen, aber die Ähnlichkeit in der Beschreibung dieser steinernen Gegenstände bei Legge und in dem archäologischen Bericht von Professor Chi Pu-tei über die Bayan Kara Ula-Scheiben, auf die in einem Kapitel dieses Buches noch ausführlich eingegangen wird, ist zumindest sonderbar.

Legge selbst ging bei seinen Übersetzungen recht vorsichtig zu Werke. In einigen Fällen ging das sogar so weit, daß er manchmal die Bedeutung des Originaltextes einfach ignorierte und vieles von seiner eigenen Anschauung hinzufügte. Gewisse Aussagen ließ er sogar gänzlich weg. Ihm waren manche Passagen »too monstrous and absurd« erschienen. Überlegt man, daß sein Weltbild fest im 19. Jahrhundert verwurzelt war, ist das verständlich.

»Ferner muß man berücksichtigen, daß Legge von den heutigen technischen Errungenschaften keine Ahnung hatte. Außerdem ging er natürlich von religiösen Vorstellungen aus und interpretierte alles kirchlich«, entschuldigte meine Übersetzerin das Verhalten des Sinologen in einem Brief, den sie ihrer Übersetzung beigelegt hatte. Ein ganz typisches Beispiel wurde von ihr hervorgehoben: War im Legendentext von einer aus Erde aufgeschütteten Plattform die Rede, war das für Legge selbstverständlich ein »Altar«.

Daß in vorgeschichtlicher Zeit gewissse technische Geräte weniger beschrieben als vielmehr umschrieben wurden, ist mit der fachlichen Unkenntnis der Beobachter, die ja durchaus Laien waren, zu erklären. Andererseits geht das auf das Konto der blumenreichen Sprache der Chinesen zurück. In den »Bambus-Büchern« liest man beispielsweise erstaunt von »Meteoriten, die einige Fuß über dem Erdboden inne-

51

hielten und dann wieder aufstiegen«, aber auch von »Feuerbällen« und »glänzenden Wolken«. Die einzigen zielführenden Hinweise geben hier die Originaltexte der Chronisten, die diese seltsamen Dinge entweder selbst beobachtet haben oder von Augenzeugen berichtet bekamen.

Da ist die Rede von »Wolken«, »Sonnen« und »Drachenpferden«, die unglaubliche Flugmanöver in der Luft vollführten, sowie von »schwebenden Wagen«, aus denen deutlich das »Summen verborgener Ameisen« vernehmbar gewesen sein soll. Die Zeugen dieser spektakulären Ereignisse waren uninformiert, technische Begriffe fehlten ihnen. Also prägten sie dafür die passenden Bezeichnungen aus ihrem eigenen Sprachschatz.

Kehren wir zurück zu den legendären »Söhnen des Himmels«. Die Frage, wann ihr erster Beauftragter chinesischen Boden betreten hat, muß unbeantwortet bleiben. Wenn wir den Mythen verschiedener Volksstämme in China Glauben schenken, dann hieß der erste Götterbote P'an-ku. Er wurde »aus einem Ei« geboren, das »der göttliche Vogel« auf einem Berggipfel ausgesetzt hatte. Eier und Vögel – das waren bei den alten Völkern seit jeher die Umschreibungen für Gegenstände, deren Bedeutung sie nicht begriffen. War vielleicht jenes Ei, dem P'an-ku entstiegen sein soll, ein geheimnisvolles Fluggerät? Der Besucher, wird uns erzählt, habe wie ein Mensch ausgesehen und übernatürliche Fähigkeiten besessen.

P'an-ku spielt vor allem in den Legenden der Thai und der Hia-Dynastie eine bedeutende Rolle. Betrachten wir daher einmal den Inhalt jener Mythen, die sich um ihn ranken. Sie reichen weit in die Vergangenheit Chinas zurück. Und sie berichten von kosmischen Dingen.

»Einstmals, als es weder Himmel noch Erde gab«, heißt es, »hatte das Chaos das Aussehen eines Hühnereies. Aus diesem Ei wurde P'an-ku geboren.« Es erscheint mir angebracht, die nachfolgenden Textstellen besonders aufmerksam zu lesen, um die Tragweite des Inhalts voll erfassen zu können. Denn daran besteht kaum ein Zweifel – der hier erwähnte Mythos ist viele Jahrtausende alt. Er reicht in die Anfangsstadien des chinesischen Reiches zurück, als die Gelben Götter noch auf der Erde weilten und die Oberherrschaft über China hatten. Wörtlich lesen wir, wie sich P'an-kus Ankunft auf diesem Planeten ereignete:

»Aus diesem Ei wurde P'an-ku geboren. Nach 18 000 Jahren ›öffnete‹ sich das Chaos (also das Ei); seine schweren und groben Bestandteile bildeten Yin, die Erde; die leichten und reinen Bestandteile bildeten Yang, den Himmel. Jeden Tag stieg der Himmel zehn Fuß höher. Die Erde verdichtete sich jeden Tag um zehn Fuß nach innen. Und jeden Tag wurde P'an-ku um zehn Fuß größer. So geschah es, daß nach 18 000 Jahren sein Körper den Abstand zwischen Himmel und Erde ausmachte und ausfüllte.«

Um mit Erich von Däniken zu sprechen: »Weltraumaugen« sind notwendig, um klar zu erkennen, welche Ur-Aussage in diesen symbolhaften Zeilen zu finden ist.

Zweifellos beruht der Kern dieser Legende auf P'an-kus eigener Erzählung, die aber im Laufe der Jahrtausende verzerrt, verfälscht und mißverstanden wurde. In kosmischer Deutung hingegen wird offenkundig, daß mit jenem legendären Ei das Raumschiff des Astronauten P'an-ku gemeint war, wobei der Mythos sehr treffend beschreibt: »Einstmals, als es weder Himmel noch Erde gab ...« Für die Chronisten jener Zeit war der Zustand des »Himmelssohnes« – allein im Weltraum fliegend, fern jeden Lebens – natürlich völlig unbegreiflich, so daß der Ausdruck »Chaos« wohl am treffendsten das Geschehen rings um P'an-ku umschrieb.

Nach 18 000 Jahren habe sich das Chaos »geöffnet«, heißt es weiter – vor unserem Raumfahrer schwebte die Erde im All. Endlich erblickte er wieder Grenzlinien. Er sah, auf die Oberfläche des farbenfrohen Planeten herabsinkend, den Horizont und darüber das, was ihm aus seiner Welt als »Himmel« geläufig war.

Die folgenden Ausführungen sind besonders interessant. Um sie zu verstehen, muß beachtet werden, daß sich hier der Bericht P'an-kus und die Beobachtungen jener Menschen vermischen, die die Landung des Raumschiff-»Eies« miterlebten und die nicht so recht begriffen, was da eigentlich geschah. »Und jeden Tag wurde P'an-ku um zehn Fuß größer«, wurde den Chronisten übermittelt. Wenn man überlegt, daß sich das Fluggerät des Himmelsbesuchers der Erde näherte, also immer größer wurde, ist diese Beschreibung durchaus realistisch. Andererseits »verdichtete« sich die Erde »jeden Tag um zehn Fuß nach innen«, berichten die Menschen, denen P'an-ku damals seine Eindrücke mitteilte.

Im Klartext heißt das: Der Planet wurde auf den Raumschiff-Bildschirmen größer und größer und füllte die Bildschirmfläche nach und nach völlig aus.

»So geschah es, daß nach 18 000 Jahren sein Körper den Abstand zwischen Himmel und Erde ausmachte und ausfüllte«, lesen wir erstaunt. Ob damit die gewaltige Distanz aufgezeigt werden sollte, die P'an-ku auf seinem Flug zur Erde überwinden mußte? Eine andere Überlieferung besagt, daß China von seinen »göttlichen« Herrschern rund 18 000 Jahre regiert worden ist. Könnte das eine Erklärung für diesen etwas rätselhaften Satz sein?

Bemerkenswert ist auch, daß P'an-ku in der mythischen Betrachtung oft mit einer »Säule« verglichen wird, deren Bestimmung es war, die Verbindung zwischen Himmel und Erde aufrechtzuerhalten.

Ob es sich dabei ursprünglich um ein Raumschiff gehandelt haben könnte? Im alten China umschrieb man ja gerne die am Himmel fliegenden unbekannten Objekte. So ist unter anderen auch der Mythos vom Fackeldrachen erhalten geblieben, von dem es heißt, sein Gesicht sei das eines Menschen gewesen, sein Leib hingegen habe blutrot geleuchtet.

Der legendäre Urkaiser des Reichs der Mitte, Yao, war bestrebt, dieses merkwürdige Wesen unschädlich zu machen. Er schickte deshalb seinen »göttlichen« Baumeister Yü gegen den »neunköpfigen Drachen« ins Gefecht. Yü, einem erfahrenen Piloten, soll es tatsächlich gelungen sein, das fliegende Ungeheuer zu vernichten. Bevor es soweit war, hatte sich Yü einen genauen Plan ausgedacht. Er legte einen künstlichen See an und errichtete darin einen Turm. Von diesem Bauwerk aus war es scheinbar möglich, sämtliche Manöver des Fackeldrachen am Himmel zu beobachten und sich darauf strategisch einzustellen. Offenbar brachte er später das Fabelwesen, das wahrscheinlich ein Fluggerät war, zum Absturz. Wer in dem Himmelsfahrzeug wirklich saß, wer es steuerte, wird in den Überlieferungen nicht erwähnt.

»Er trinkt nicht, er ißt nicht, er atmet nicht. Wenn er aber atmet, entsteht der Wind«, heißt es in dem Text. Das war eine eher allegorische Umschreibung der Antriebsaggregate des wahrscheinlich mechanisch gesteuerten Fackeldrachen. Hier handelte es sich um ein helikopterähnliches Gerät, dessen Rotoren einen gewaltigen Luftzug (für ahnungslose Augenzeugen »Wind«) entstehen ließen.

Sein Gegenstück scheint Yü-ch iang gewesen zu sein. Er soll wie ein Vogel ausgesehen haben, der ein menschliches Antlitz besaß. Dem Leser wird es aufgefallen sein: Auch hier ist wieder – ähnlich wie bei dem Fackeldrachen – von einem geflügelten Wesen mit menschlichen Gesichtszügen die Rede. Die symbolhafte Darstellung soll hierbei nicht irritieren. In beiden Fällen wurde lediglich eine unbewußte Vereinfachung der Tatsachen vorgenommen. Das jeweils erwähnte »Menschengesicht« verdeutlicht vielmehr, daß die beiden Wesen in Wirklichkeit mechanische Fluggeräte gewesen sein müssen, die von menschenähnlichen Piloten – eben von jenen »Himmelssöhnen« oder Gelben Göttern – gesteuert worden sind.

In diesem Zusammenhang scheint es mir wichtig, die mythologische Beschreibung Yü-ch iangs zu erwähnen. Dieser seltsame Vogel besaß die Fähigkeit, sein Aussehen nach Belieben zu verändern. Da taucht er manchmal als »Fisch mit Menschenhänden und -füßen« aus dem Wasser, wobei er sich zweier Drachen bediente, auf denen er durch die Lüfte ritt. Ein andermal verwandelte sich das Monstrum in den Riesenvogel »p'eng«, um sich augenblicklich aus dem Meer in den Himmel zu erheben. Dabei soll er ungeheure Wellen geschlagen haben. Es müssen imponierende Auftritte dieses Flug- und Wasserwesens gewesen sein, weiß doch die Sage zu berichten, »p'engs« Rücken habe dem heiligen Berg T'ai Shan geglichen, seine Flügel aber seien »wie die Wolken des Himmelsrunds« gewesen. Flog »p'eng« nach Süden, »schlug er zuerst 3000 Li weit das Wasser mit seinen Flügeln, dann stieg er auf einem Wirbelwind wie auf den Wirbeln eines Ziegenhorns 90 000 Li hoch, bis er, weit entfernt von den Wolkendämpfen, den blauen Himmel auf seinem Rücken trug.«

Nach einer anderen Version ist dieser wandlungsfähige Yü-ch iang mit dem nördlichen Riesenwal(!) »kun« identisch gewesen. Wer »kun« erzürnte, dem erging es schlecht. Auch in dieser Legende verwandelte sich »kun« anschließend in den Riesenvogel »p'eng«.

Aus all diesen Beschreibungen tritt die Allzweckfunktion von Yü-ch iang deutlich hervor. Es scheint sich hier um eine Art Amphibienfahrzeug gehandelt zu haben, mit dem man aber auch fliegen und dabei beachtliche Flughöhen erreichen konnte.

90 000 Li – etwa 645 Meter entsprechen einem Li – sind also fast 60 000 Kilometer. Somit befand sich der Riesenvogel »p'eng« nach seinen spektakulären Aufstiegen zweifelsohne bereits im Weltall.

Nicht vergessen sollen hier die Andeutungen sein, die bei Yü-ch iang von einem »Fisch mit Menschenhänden und -füßen« sprechen. Das läßt darauf schließen, daß auch dieses Fluggerät von menschenähnlichen Lebewesen gesteuert wurde. Erhob sich das Amphibienfahrzeug aus dem Meer, dann »ritt« es auf zwei Drachen durch die Luft. Und weil Drachen in der Regel als feurig beschrieben wurden und sie in der chinesischen Mythologie ganz und gar nichts mit vorzeitlichen Ungeheuern zu tun haben, so scheint die Interpretation, diese Beschreibung könnte der Augenzeugenbericht über die »flammende« Tätigkeit der Düsenaggregate von Yü-ch iang sein, nicht allzu gewagt.
Im übrigen soll auch Hun-tun, der Sohn des legendären Gelben Kaisers Huang-ti, im Besitz eines Himmelswagens gewesen sein. Folgt man der Beschreibung dieses Fluggeräts, dann handelte es sich auch hierbei um eine Art Helikopter. Wieder sind im Sagentext Mensch und Maschine austauschbar, was darin zum Ausdruck kommt, daß der Name Hun-tun sowohl dem Himmelswagen als auch demjenigen, der ihn steuerte, zugeschrieben wurde.
Die Beschreibung dieser Flugmaschine ist uns im »Shan-hai-ching« überliefert. Sie soll einem »gelben Beutel« geglichen haben, verfärbte sich aber bei Betätigung »feuerrot«. Sie besaß sechs »Füße«, also Landebeine, vier »Flügel« – aber kein Gesicht. Hervorgehoben wird die Fähigkeit der Apparatur, »tanzen« und »singen« zu können. Standort des »Vogels« soll der Sage nach der »Berg des Himmels« gewesen sein, auf dem es angeblich eine Menge Erz und Jade gegeben hat. Dieser Berg war auch das Hauptquartier des damaligen Kommandanten der »Himmelssöhne« im Reich der Mitte – eben jenes legendären Gelben Kaisers Huang-ti.
Die Beschreibung Hun-tuns und seiner »Vogel«-Maschine erinnert an ähnliche Darstellungen in anderen chinesischen Mythen. So soll unsere Welt ursprünglich aus einem »Ei« hervorgegangen sein. Die ersten Menschen, heißt es, kamen in »rotgoldenen Eiern« auf die Erde, wobei diese Eier »großen gelben Säcken« geglichen haben sollen. Sie hatten sechs Füße, vier Flügel – »ähnlich einer Fledermaus« –, aber keine Augen und kein Gesicht.
Wie ich bereits erwähnte, die »Füße« waren höchstwahrscheinlich Landebeine, wie wir sie an den amerikanischen Mondfähren gesehen haben. Bei den »Flügeln« hingegen handelte es sich vielleicht um Rotoren, was den Vergleich mit den uns bekannten Helikoptern

geradezu herausfordert. Sehr logisch auch die Feststellung, jene Fluggeräte hätten weder »Gesichter« noch »Augen« gehabt, dafür aber die Fähigkeit, zu »singen« und zu »tanzen«. Wer einmal Gelegenheit hatte, dem Landemanöver eines Hubschraubers beizuwohnen, wird diese poetische Schilderung ohne weiteres bestätigen können: Bevor das Traggestell die Landebahn berührt, schaukelt der Flugkörper, und der Motor vibriert – der Helikopter scheint in der Luft zu tanzen.

V. Geniale Chinesen

Aluminium vor 1700 Jahren – Pinselautomaten im alten China – Ein magnetisches Tor – Chang Hengs Seismograph – Meister der mechanischen Künste – Eingeweihte in die Alchimie – Die Schwerkraft überwunden? – Magische Spiegel – Atomexplosion im Jahr 1910? – Die Wüste Gobi – Vernichtungswaffen aus frühester Zeit – »Sie flogen durch die Wolken« – Chinas Arche Noah

Chinesische Archäologen entdeckten nach dem Zweiten Weltkrieg die Grabstätte des Generals Chou Ch'u. Sie befindet sich unweit von Schanghai. Chou Ch'u lebte von 240 bis 299 u. Z.; mit 59 Jahren fiel er auf dem Feld der Ehre. Ebenso ehrenhaft wurde er bestattet.
Das Grab dieses chinesischen Feldherrn wurde im Dezember 1952 entdeckt. Wie die meisten Ruhestätten berühmter Männer zeigte es die Spuren gewaltsamer Öffnung. Räuber hatten seinerzeit darin ihr Unwesen getrieben und dürften so manche Kostbarkeit mitgenommen haben.
Ein ganz ungewöhnliches Artefakt jedoch war ihrer Beutegier entgangen: Ein Gürtel mit 17 Metallornamenten aus Silber und Aluminium! Die Verblüffung der Archäologen, die im März 1953 das Grabgewölbe Chou Ch'us durchforsteten und dabei auf diese außerordentliche Grabbeigabe stießen, war groß. Einen derartigen Fund hatten sie nicht erwartet.
Erstaunt wird so mancher fragen: Ist denn dieser Gürtel so etwas Besonderes?
Das ist er durchaus. Überlegen wir: General Chou Ch'u verstarb vor bald 1700 Jahren. Zu seiner Zeit war die Herstellung von Aluminium,

soweit uns bekannt, ein Ding der Unmöglichkeit. Das Verfahren, Aluminium herzustellen, glückte den Europäern nämlich erst im Jahr 1825. Dieses Leichtmetall kann nur mit Hilfe eines Elektrolyseverfahrens aus Bauxit gewonnen werden, wobei extrem hohe Temperaturen herrschen müssen. Auch Professor Xia Nai, der leitende Direktor des Archäologischen Forschungsinstitutes an der Akademie der Wissenschaften in Peking, den ich im Verlauf meiner zweiten China-Reise aufzusuchen Gelegenheit hatte, zeigte sich mir gegenüber einigermaßen ratlos. Er konnte sich einfach nicht vorstellen, auf welche Weise es seinen Vorfahren möglich gewesen war, Aluminium bereits vor siebzehn Jahrhunderten herzustellen. Seine Annahme, die Aluminiumteile des Gürtels seien unter Umständen erst viel später – »vielleicht durch einen Räuber« – in das Grab hineingekommen, ist unrealistisch. Weshalb sollten Grabschänder ausgerechnet die Gruft des Generals Chou Ch'u um einen wertvollen Gegenstand bereichert haben, wo sie doch zu allen Zeiten stets auf Beute aus waren?
Der Aluminiumgürtel ist im übrigen in zwei Einzelstücke zerlegt. Wer ihn während einer China-Reise besichtigen will, der hat immerhin die Möglichkeit, einen Teil im Historischen Museum von Nanking und das andere Gürtelglied im Historischen Museum von Peking zu bestaunen.
Aber nach wie vor bleibt ungeklärt, woher die Chinesen bereits im dritten Jahrhundert jene Kenntnisse und zusätzlichen Hilfsmittel besaßen, die sie zur Herstellung von Aluminium befähigten. Wäre es denkbar, daß wir Menschen des Atomzeitalters die Talente früherer Generationen bisher gewaltig unterschätzt haben? Daß dieses Wissen, das die alten Völker einst besaßen, in den Wirren der Zeit verlorengegangen ist – und erst Jahrtausende danach wiederentdeckt wurde? Diese Überlegung ist sicher nicht nur eine theoretische Spielerei. Jeder, der sich ernsthaft und intensiv mit Chinas Vergangenheit beschäftigt, muß zwangsläufig zu ähnlichen Schlüssen kommen. Die Anhaltspunkte dafür finden sich keineswegs nur in mythischen Überlieferungen. Es gibt auch historisch verbürgte Aufzeichnungen, die uns aus jener Zeit erhalten geblieben sind.
Der Prähistoriker Joseph Needham hat sich eingehend mit Chinas kultureller Entwicklung und dem frühgeschichtlichen technologischen Verständnis der Chinesen befaßt. Was er in alten Schriften entdeckte, veröffentlichte er in seinem Werk »Monumentale Ge-

schichte der Wissenschaft in China«. Es wurde 1954 von der Universität in Cambridge herausgegeben.

Vor allem besaßen die alten Chinesen präzise und hochentwickelte Kenntnisse über die Seismologie. Soweit uns bekannt ist, war keine andere alte Kultur auf diesem Gebiet ähnlich gut orientiert. Joseph Needham ist es im wesentlichen zu verdanken, daß uns, aufgrund seiner intensiven Recherchen, ein vollständiges Verzeichnis jener Erdbeben, von denen das Reich der Mitte einst heimgesucht wurde, zur Verfügung steht, und zwar von 780 v. u. Z. bis zum Jahr 1644.

Aus den schriftlichen Überlieferungen, auf die sich der Wissenschaftler stützte, wird deutlich, daß diese genauen Aufzeichnungen auf Anordnung der »Götter«, die vom Himmel kamen, erfolgt sind. Wann diese »Götter« lebten, ist nicht vermerkt, doch aus den Quellen geht hervor, daß sich die Himmlischen auffallend für unseren Planeten interessierten.

Warum wohl? Hatten einst Raumfahrer von fremden Gestirnen China zu ihrem Operations- und Forschungsgebiet auserkoren? Handelte es sich bei ihnen um jene sagenhaften »Söhne des Himmels« oder Gelben Götter, von denen die Legenden des Fernen Ostens zu erzählen wissen?

Nun, das mag eine Streitfrage sein, die vielleicht manchen Leser emotional berührt. Sicher ist hingegen, daß im alten China seit jeher ungewöhnliche Erfindungen gemacht wurden, wie es ähnliche in anderen Teilen der Welt erst viel später gegeben hat. Beispielsweise gab es im Reich der Mitte schon vor rund 3000 Jahren Verkaufsautomaten, aus denen man nach Einwurf einer Münze zwar kein Cola, aber immerhin bestimmte, damals gebräuchliche Waren entnehmen konnte.

Über einen sogenannten »Pinselautomaten« berichtete vor kurzem ein deutsches Wissenschaftsmagazin. Dieser Apparat besaß ein Bambusrohr, in dem sich Schreib- und Malutensilien befanden. Wenn man ein Metallgeldstück in den Automaten warf und danach einen Hebelarm betätigte, gab er einen Pinsel frei.

In der »Peking-Rundschau« vom 17. November 1981 entdeckte ich unter dem Titel »Archäologische Notizen« die nicht weniger interessante Beschreibung einer Erfindung aus der Zeit der Ts'in-Dynastie (221–206 v. u. Z). Der Artikel in der »Peking-Rundschau« bezieht sich auf Aufzeichnungen in den »Sanfu Huangtu«, das sind Nieder-

schriften von Architekten, die während der Ts'in- und Han-Dynastie (206 v. u. Z.–9 u. Z.) tätig waren. Es wird von dem luxuriösen Epang-Palast berichtet und von einer wissenschaftlichen Errungenschaft, die dieses Gebäude vor dem Zutritt unerwünschter Personen schützte. Wörtlich heißt es:
»Der Epang-Palast wurde mit einem magnetischen Tor versehen, und Leute, die das Tor mit Waffen passieren wollten, wurden nicht eingelassen.«
Zhang Shoujie wiederum – er lebte während der T'ang-Dynastie (618–906 u. Z.) – schrieb in seiner »Orthodoxen Auslegung des Shiji«, daß sich dieses magnetische Tor im Norden des Epang-Palastes befunden habe. Genaueres darüber lesen wir in den Präfektur- und Kreis-Annalen, die ebenfalls während der T'ang-Dynastie entstanden sind:
»Das magnetische Tor der Ts'in war etwa 15 Li südöstlich von Xianyang entfernt. Es war das nördliche Tor des ehemaligen Epang-Palastes. Es war aus Magneteisenstein errichtet worden. Wenn Leute mit Waffen zu diesem Tor kamen, wurden sie von dessen magnetischer Wirkung angezogen und konnten nicht passieren.«
Dieser Waffenschutz hatte seine guten Gründe, denn bevor die magnetische Vorrichtung installiert worden war, hatte es einen Mordanschlag auf Ts'in Schi-huang-ti, den ersten Kaiser der Ts'in-Dynastie, gegeben. Das Attentat ließ den Regenten fortan auf der Hut sein. Da sich das Gesetz, wonach die Beamten nur ohne Waffen den kaiserlichen Hof betreten durften, nicht mehr verbessern und ausbauen ließ – folglich die Gefahr bestand, daß sich jemand heimlich und bewaffnet in den Palast hätte einschleichen können –, befahl der Kaiser den Bau eines magnetischen Tores für den Epang-Palast. So entstand das riesige Magneteisentor.
Als das Ts'in-Kaiserreich vernichtet wurde, blieb auch der Epang-Palast nicht unberührt. Er brannte ab. Heute kann man davon nichts mehr außer einer künstlich aufgeschütteten Ebene von 7 Meter Höhe und etwa 1000 Meter Länge erkennen. Sie befindet sich im Westen von Xian und steht als einer der wertvollsten Zeugen der alten chinesischen Kultur unter Denkmalschutz.
Wenn wir schon bei der Aufzählung außergewöhnlicher Erfindungen aus der Vergangenheit Chinas sind, dann dürfen die einzelnen Erfinder und Wissenschaftler nicht vergessen werden. Sie standen allesamt

in hohem Ansehen, und es kann daher nicht überraschen, wenn wir erfahren, daß sie in der altchinesischen Zivilisation als vollwertige Mitglieder der herrschenden Klasse galten und oftmals verantwortungsvolle Ämter bekleideten. Einer der produktivsten und genialsten unter ihnen war Chang Heng. Er ist in seiner Kreativität mit Leonardo da Vinci zu vergleichen. Er war Erfinder, Mathematiker, Astronom und Dichter in einer Person.

Chang Heng lebte zwischen 78 und 139, in der Zeit der späteren Han-Dynastie. Sein Seismograph war eines der Prunkstücke des kaiserlichen Observatoriums, dem er als Hofastronom vorstand. Eine genaue Beschreibung dieser Apparatur ist glücklicherweise erhalten geblieben.

Als 1976 Maos Riesenreich von einer Kette grauenhafter Erdbeben heimgesucht wurde, wußten Chinas Wissenschaftler kein probates Mittel, das Kommen dieser Beben rechtzeitig zu erkennen. Chang Heng war dies seinerzeit möglich gewesen. Das kann jedenfalls den zeitgenössischen Aufzeichnungen entnommen werden, die Joseph Needham übersetzt hat. Chang Hengs Gerät konnte Erschütterungen der Erdoberfläche auf eine Entfernung von mehreren hundert Kilometern registrieren. Auf welche Art und Weise dieser altchinesische Seismograph funktionierte, ist uns dank Needhams Spürsinn überliefert.

Der eigentliche Mechanismus der Apparatur wurde durch einen kupfernen Kessel verborgen und geschützt. An seiner Außenseite waren Drachenköpfe angebracht, die je eine Bronzekugel im Maul trugen. Darunter befanden sich Nachbildungen von Kröten. Traf eine Erdbebenwelle den Standort des Kessels, dann öffnete derjenige Drache, dessen Antlitz der Richtung der Druckwelle am nächsten stand, den Rachen, und die Kugel fiel heraus – in das offene Maul einer Kröte. Sogleich ertönte ein Glockensignal, und der Kiefer des Drachen schloß sich. Danach war es den altchinesischen Seismologen möglich, mit Lineal und Kompaß (ebenfalls eine altchinesische Erfindung) das Epizentrum des Bebens zu errechnen.

Mit Chang Hengs »Erdbeben-Wetterhahn«, wie sein Meßgerät auch genannt wurde, war es zwar nicht möglich, seismische Vorgänge zu erklären, aber die vorzüglich funktionierende Apparatur informierte den kaiserlichen »Himmelssohn« augenblicklich über jedes Erdbeben im Reich der Mitte. Dieser Seismograph war ohne Zweifel ein techni-

sches Paradestück und wurde wahrscheinlich von einem hochempfindlichen Mechanismus gesteuert.
Auf welche Weise Chang Heng zu seiner Erfindung angeregt wurde, wissen wir nicht. Möglicherweise ließ er sich von Quellen verflossener Jahrtausende inspirieren, in denen davon die Rede ist, daß Chinas Götter auf der Erde weilten.
Wie auch immer: Chang Heng, das steht fest, war ein Allroundgenie. Auf sein Konto geht auch die Konstruktion eines Himmelsglobusses, der damals die gleiche Funktion erfüllte, wie unsere Planetarien heute. Auf dieser Himmelskugel waren die Bewegungen der Sterne genau erkennbar. Chang Hengs Zeitgenossen überschlugen sich förmlich in begeisterten Hymnen über diese Erfindung. Daß Chang Heng, dieser begabte Erfinder, zu hohen Ehren kam, ist deshalb nicht weiter verwunderlich. Der damalige Kaiser erhob ihn im Jahr 133 zu seinem persönlichen Berater.
Zum Hofastronomen war Chang Heng vom Obersten Rat aber bereits 18 Jahre vorher ernannt worden. Sein »Planetarium« kann ebenfalls als technisches Wunderwerk bezeichnet werden. In zeitgenössischen Kommentaren wird hervorgehoben, wie wunderbar der künstliche Himmel der Apparatur mit der Wirklichkeit übereingestimmt habe. Wasserkraft soll den Sternenglobus um eine Achse getrieben haben, wobei ein verborgener Mechanismus verschiedene Rotationsgeschwindigkeiten möglich machte.
Chang Heng scheint auch das heliozentrische Weltbild richtig erkannt zu haben. Die uns überlieferten kosmologischen Gedanken des genialen Erfinders zeigen jedenfalls verblüffende Gleichklänge mit unserem heutigen Wissen. In seinem Weltbild gab es keinen Platz für kristallene Sphären, an die in Europa im frühen Mittelalter geglaubt wurde. Chang Heng wußte Bescheid über Sonnen- und Mondfinsternis, und die Mondphasen wurden von ihm folgendermaßen beschrieben:

»Die Sonne gleicht dem Feuer und der Mond dem Wasser. Das Feuer strahlt Licht aus, das Wasser reflektiert es. Also wird die Helligkeit des Mondes durch die Sonnenstrahlen hervorgerufen, er ist dort dunkel, wo sie ihn nicht treffen. Die der Sonne zugewandte Seite ist gänzlich beleuchtet, die abgewandte Seite ist dunkel. Das von der Sonne ausgestrahlte Licht erreicht nicht immer den Mond, da die Erde dazwischentreten kann – das wird dann Mondfinsternis

genannt. Wenn das gleiche mit einem Planeten geschieht, nennen wir es eine Bedeckung. Bewegt sich der Mond durch die Sonnenstrahlen, dann entsteht eine Sonnenfinsternis.«

Wie gesagt, wir wissen nicht, ob Chang Heng seine Fähigkeiten lediglich seinem genialen Intellekt zu verdanken hatte oder ob er zu seinen Ideen durch das aufmerksame Studium älterer Quellen angeregt wurde. Sicher ist, daß sich dieser Mann zugleich auf mehreren Wissensgebieten zu bewähren wußte. Als Ingenieur war er seiner Zeit um mindestens 1500 Jahren voraus. Der Prähistoriker Needham fand in den Annalen den interessanten Hinweis, daß Chang Heng auch einen Flugapparat konstruiert habe, mit dem es ihm möglich gewesen sein soll, sich in die Luft zu erheben. Needham zitiert in seiner »Monumentalen Geschichte der Wissenschaft in China« unter anderem eine Stelle aus dem Werk des Gelehrten Ko Hung, in der es heißt, der »kaiserliche Astronom und Meister der mechanischen Künste«, also Chang Heng, habe selbst berichtet, er sei in einem Gerät mit drehenden Rotoren und eingebautem Antriebsmechanismus durch »die Lüfte« geschwebt. Es gibt keine Details in Text und Bild, die Ko Hungs Behauptung bestätigen könnten. Bei dem Genie des chinesischen Gelehrten wäre eine solche Erfindung durchaus denkbar.
Joseph Needham glaubt nicht daran, daß es im alten China eine »aufgeklärte« Technologie gegeben habe, die auf einen irdischen oder gar außerirdischen Ursprung zurückgeführt werden könne. Das machte er mir im Verlauf unserer Korrespondenz deutlich.
Bei allen Verdiensten, die sich Needham im Laufe seines Forscherlebens erworben hat, darf eines nicht übersehen werden: Im Jahr 1981, zum Zeitpunkt unseres Briefwechsels, war der Wissenschaftler bereits 81 Jahre alt, und es muß bezweifelt werden, ob er über alle archäologischen Funde, die in China in den letzten zwanzig Jahren entdeckt wurden, informiert war. So bestreitet er entschieden die Existenz prähistorischer chinesischer Pyramiden; lediglich Hügelgräber läßt Needham gelten. Doch darüber mehr im VIII. Kapitel.
Nicht nur der englische Prähistoriker, sondern auch die beiden französischen Wissenschaftler Louis Pauwels und Jacques Bergier beschäftigten sich mit den mythischen Schätzen Alt-Chinas. Beide waren von den Erkenntnissen der im Reich der Mitte betriebenen Alchimie fasziniert.

Die Alchimie, die geheimnisvolle »Goldmacherkunst«, ist die Vorläuferin der Chemie und stand in China in hohem Ansehen. Unter anderem war es das Ziel der Alchimie, ihren Adepten Weisheit und Unsterblichkeit zu sichern.

Etwas deutlicher wird der Italiener Luigi Pareti, dessen Kulturgeschichte »The Ancient World« interessanterweise von der UNESCO herausgegeben wurde. Pareti betont in seinem Buch ausdrücklich, daß bei den Alchimisten im alten China das künstlich hergestellte Gold – das war eines der Hauptanliegen alchimistischer Bestrebungen – keineswegs zum Verkauf bestimmt gewesen sei. Es diente lediglich als Zwischenstufe zur Erlangung von geeigneteren Stoffen, die dem »Eingeweihten« die Überschreitung der irdischen Grenzen ermöglichen sollten. Die Herstellung des synthetischen Goldes war den Alchimisten jener Zeit scheinbar mit Hilfe eines überlieferten Umwandlungsverfahrens gelungen.

Der älteste uns heute bekannte alchimistische Text ist übrigens der »Ts'an-t'ung-Ch'i«. Wie alle Meister solcher Geheimlehren schrieb auch der Verfasser dieses Textes unter einem Pseudonym. In den Aufzeichnungen werden in neunzig Paragraphen genaue Angaben zur Herstellung der sogenannten »Unsterblichkeitspille« gemacht, die bereits im vierten Kapitel erwähnt wurde. Dieses Produkt wurde aus Gold mit Hilfe einer komplizierten Wärmebehandlung in einem Gefäß gewonnen, das die Form eines hermetisch verschlossenen Eies hatte. Pauwels und Bergier zeigen Erstaunen über die klare wissenschaftliche Sprache, die – obgleich bewußt verklausuliert – in den alten Texten unverkennbar sei. Wörtlich meinen die beiden Franzosen: »Wie in dem berühmten ›Buch der Wandlungen‹ wird auch in dieser Abhandlung bereits die binäre Sprache der modernen Computer verwendet. Die Ausdrücke Yang und Yin für die helle und dunkle Urkraft, die der Lehre des Taoismus zugrunde liegen, sind gleichfalls enthalten.«

Es gibt überlieferte Texte, deren Wahrheitsgehalt ich allerdings nicht garantieren kann, die Erstaunliches besagen. So soll der chinesische Alchimist Liu An (auch unter dem Namen Huai-Nan-Tse bekannt) im 2. Jahrhundert v. u. Z. eine Flüssigkeit gebraut haben, mit deren Hilfe es Menschen, die davon tranken, möglich war, sich mühelos in die Luft zu erheben. Liu An, dem es scheinbar gelungen war, die Gravitationsgesetze aufzuheben (sofern es sich bei dieser Überlieferung nicht um eine Falschmeldung handelt), soll seine Entdeckung auch an sich selbst ausprobiert haben. Kaum hatte er von dem Gebräu getrunken, schwebte er auch schon empor. Als er aber dann aus luftiger Höhe die Flasche mit dem Rest des Elixiers übermütig auf die Erde warf, geschah Unerwartetes: Hunde und Hühner nippten an dem Zaubertrank – und erhoben sich im nächsten Augenblick unfreiwillig in die Höhe, verzweifelt bemüht, wieder festen Boden unter die Füße zu bekommen.

Interessante Erfindungen aus den frühesten Tagen Chinas sind auch die sogenannten »magischen Spiegel«. Eine ziemlich exakte Beschreibung davon ist aus dem 1. Jahrhundert v. u. Z. erhalten geblieben. Möglicherweise handelt es sich auch dabei nur um die Wiedergabe einer weit älteren Quelle. Liest man, was über das Aussehen und die Wirkung dieser seltsamen Gegenstände überliefert wurde, dann kann man nur staunen. Weder die Konstruktion der Spiegel noch ihr einstiger Verwendungszweck sind uns heute verständlich.

Diese angeblich »magischen Spiegel« hatten hinter dem Spiegelglas außerordentlich komplexe Hochreliefs. Wurde ein solcher Spiegel durch Sonnenlicht bestrahlt, dann konnte man ein interessantes Phänomen beobachten: Das Hochrelief wurde durch ein zusätzlich angebrachtes reflektierendes Spiegelglas plötzlich sichtbar. Bei künstlichem Licht hingegen blieb es unsichtbar. Warum das so war, wird nicht erklärt. Aus der Beschreibung ist nur ersichtlich, daß jene »magischen Spiegel« Doppelfunktionen besaßen: Sie waren nämlich sowohl als tödliche Waffe als auch wie eine Art Fernsehschirm zu gebrauchen. Mit Hilfe dieser »magischen Spiegel«, die auch »Yin-Yang-Spiegel« genannt wurden, soll es möglich gewesen sein, die kosmischen Urkräfte zu absorbieren und sie nachher mit tödlicher Wirkung zu reflektieren. War man hingegen friedlich gestimmt und besaß mehrere von diesen Geräten, dann war es eine Kleinigkeit – sobald sie paarweise zusammengestellt wurden –, Bilder wie auf dem Fernsehschirm zu empfangen. Pauwels und Bergier, die darüber berichteten, berufen sich auf Fachleute der UNESCO, die angeblich die phantastischen Eigenschaften dieser »magischen Spiegel« auf »kleine Krümmungsunterschiede« zurückführen, ohne daß jedoch diese Angaben genauer definiert werden. Beide Franzosen halten es für denkbar, daß die rätselhaften Spiegel gedruckte Stromkreise enthielten und einen Kommunikationsmodus darstellten. Zugegeben, das ist eine gewagte

Spekulation. Einerseits verwundern uns heute die Eigenschaften dieser prähistorischen Geräte, andererseits erscheinen sie uns vertraut.
Vertraut war Spezialisten der chinesischen Volksbefreiungsarmee auch das Aussehen eines Gebietes nahe der Mongolei, das sie im Jahr 1950 aufgesucht hatten. Verkalkte Bäume, verglaster Boden und das Fehlen jeder Vegetation erinnerten die Militärs an die typischen Anzeichen einer Atomexplosion. Nur, daß es in dieser leblosen Zone noch keine Versuche mit Kernwaffen gegeben hatte!
Untersuchungen an Ort und Stelle sowie Nachforschungen in der Umgebung dieses Gebietes führten die erstaunten Männer auf die Spur einer Überlieferung, die ihnen von den Bauern der Umgebung erzählt wurde. Im Mittelpunkt des einstigen Geschehens stand einer der bedeutendsten Alchimisten Chinas – der Gelehrte Pou Chao-fi. Er experimentierte vor mehr als siebzig Jahren in einer abseits liegenden Pagode mit verschiedenen Chemikalien. In alten Texten mit alchimistischen Überlieferungen war Pou Chao-fi vielleicht auf Hinweise gestoßen, denen er damals in seinem Geheimlaboratorium nachging.
Alles verlief ohne Komplikationen bis zu jenem 8. Juli 1910. Wahrscheinlich machte der chinesische Wissenschaftler einen verhängnisvollen Fehler. Ältere Bauern, die in der Umgebung der »Todeszone« lebten, berichteten den Militärs von einer gewaltigen Explosion, die sich am 8. Juli 1910 ereignet haben soll. Die Detonation war scheinbar so heftig, daß man sie noch im Umkreis von 600 Kilometern hören konnte. Das ergaben spätere Befragungen der Bevölkerung. Wahrscheinlich wäre über diese Sache Gras gewachsen, hätte man nicht ein paar Jahre später durch Zufall in einer Pekinger Bibliothek ein Heft mit Aufzeichnungen aus der Feder des Gelehrten Pou Chao-fi entdeckt.
Darin stießen chinesische Wissenschaftler auf deutliche Hinweise, wonach der verunglückte Alchimist mit Kräften experimentiert haben mußte, denen er letztlich nicht gewachsen war. In seiner Niederschrift beschrieb Pou Chao-fi ein »fürchterliches Feuer vom Himmel, das durch Sprengung von Metallatomen entstehen kann«.
Praktische Versuche in seinem Laboratorium in der entlegenen Pagode dürften mißlungen sein. Auf der Suche nach der Formel, mit der man Materie verwandeln kann, scheint der Alchimist die falschen »Zutaten« erwischt zu haben – und wurde in Atome zerstäubt. Ein grausames Geschick für einen Mann, der – lange vor Hiroshima und

Nagasaki – die Geister, die er rief, in tödlicher Konsequenz zu spüren bekam.

Ob die Behauptung stimmt, ein 144 Seiten starkes Dokument mit den alchimistischen Formeln des Gelehrten Pou Chao-fi sei vor etlichen Jahren aus der Volksrepublik China geschmuggelt und dem US-Geheimdienst zugespielt worden, entzieht sich meiner Kenntnis. Immerhin wäre es denkbar, daß es – ähnlich wie am 30. Juni 1908 in der tunguskischen Taiga in Sibirien – auch auf chinesischem Territorium bereits vor der japanischen Tragödie eine atomare Explosion (nach experimentellen Versuchen) gegeben hat. Was Pou Chao-fi vor mehr als sieben Jahrzehnten widerfuhr, dürfte es im alten China schon mehrmals gegeben haben. Wem es möglich sein sollte, während einer China-Reise in die Nähe des Lob Nor-Sees in der Wüste Gobi zu gelangen, der findet die Oberfläche dieses Steppengebietes mit glasartigem Sand bedeckt. Das ist weiter nicht erstaunlich: Schließlich wurden (und werden?) hier die Atombombenversuche der Volksrepublik durchgeführt. Verschiedene Altertumsforscher, die seinerzeit Gelegenheit hatten, diese Gegend aufzusuchen, die heute wahrscheinlich militärisches Sperrgebiet ist, erklärten später übereinstimmend, auch noch andere Gebiete der Wüste zu kennen, in denen sie interessanterweise die gleichen Verglasungen bemerkt hätten. Die Wüste Gobi (chinesisch *Sha-mo*) ist territorial und politisch geteilt. Sie gehört zu China und zur Mongolischen Volksrepublik. Diese zentralasiatische Beckenlandschaft liegt rund 1000 Meter über dem Meeresspiegel und hat eine Ausdehnung von etwa 1500 Kilometern. Im Südwesten ist die Gobi eine Sandwüste, im Osten steppenartig.

Das Wüstengebiet war in vorgeschichtlicher Zeit bewohnt. Damals war es eine fruchtbare Ebene. Nicht zufällig wurden hier die meisten Dinosaurier-Fossilien gefunden. Der britische Okkultismus-Forscher James Churchward, der bekanntlich behauptete, im Pazifik sei einst nach einer gewaltigen Katastrophe der legendäre Kontinent Mu – die Wiege der Menschheit – versunken, hob in seinen Schriften vor allem das Volk der Oejgoer hervor, das lange vor den Chinesen, Mongolen und Russen die Wüste Gobi bevölkert haben soll. Auch sonst hat der Engländer diesem Gebiet manches Geheimnis zuerkannt. So auch die Hauptstadt von Mu, die sich angeblich hier befunden haben soll. Nicht zuletzt vermuten manche Phantasten in dieser Wüste auch den Zugang zur unterirdischen Welt von Agartha. Dieses Agartha besteht der Legende nach aus einem weitverzweigten Tunnelsystem, von dem aus jeder Kontinent dieses Planeten – und damit auch jedes Land – erreicht werden kann. Nachweise für die tatsächliche Existenz Agarthas konnten bis jetzt noch nicht erbracht werden. Doch mythologische Berichte sind oft sehr verschwommen geschrieben, so daß man heute darüber rätselt, was mit mancher Beschreibung wohl wirklich gemeint sein könnte.

Der amerikanische Philologe J. G. Ferguson hat beispielsweise in seiner »Chinese Mythology«, die 1964 in den USA erschienen ist, zahlreiche vorgeschichtliche Superwaffen angeführt. Ihr Aussehen erscheint uns heute fremdartig, die Wirkung dieser Waffen soll ebenfalls recht spektakulär gewesen sein.

So besaß der Held No-cha ein »Himmel-und-Erde-Armband«, das alle seine Feinde erzittern ließ. Einer dieser Gegner, Genglin, sah sein einziges Heil in der Flucht, außerdem gelang es ihm, sich hinter einem schützenden »Rauchschirm« vor seinem Widersacher zu verbergen. Bei einer anderen Gelegenheit war No-cha erfolgreicher: Er vernichtete seinen Feind Chang-kueifeng mit Hilfe eines »Wind-Feuer-Rades«, was auch immer das gewesen sein mag. No-cha genoß dabei die Unterstützung silberner Flugdrachen – womit möglicherweise ein prähistorisches Fluggeschwader gemeint war.

Wer gerne Science-fiction liest, wird auch von Chinas mythologischen Berichten gut bedient. Darin wimmelt es nur so von »Blitzspießen«, »Donnerschlägen« (wahrscheinlich Bomben), »glänzenden Lichtstrahlen« oder »kugelförmigem Feuer«. Auch biologische Waffen kamen zum Einsatz: »vergiftete Gase« beispielsweise. Die standen unter dem Schutz »himmlischer Regenschirme«. War der Feind in der Überzahl, verbarg man sich hinter »Schleiern der Unsichtbarkeit«.

Bei dem technischen Rüstzeug wundert es uns auch nicht weiter, wenn wir erfahren, daß Spionage im Reich der Mitte – ähnlich wie sie im 20. Jahrhundert von den beiden Supermächten USA und Sowjetunion via Satellit betrieben wird – eine Selbstverständlichkeit war. Wie sollte man Berichte deuten, in denen es heißt, man sei damals in der Lage gewesen, Objekte auch über Hunderte von Meilen *akustisch* und *optisch* wahrzunehmen? Besaßen die alten Chinesen womöglich bereits Geräte, ähnlich unseren Radaranlagen?

Sicher ist, daß dem Erfindungsreichtum der »Himmelssöhne« keine Grenzen gesetzt waren. Und auch später, als der Höhepunkt chinesi-

scher Macht schon längst überschritten war, profitierten die Mächtigen der Sung-Dynastie (960–1279) von ihrem hochentwickelten Waffenarsenal, um sich der mongolischen Eindringlinge zu erwehren. Da gab es Schießpulver, Explosivgranaten und Bomben, die von Katapulten abgeschossen wurden – »Kriegsspielzeug«, wie es anderswo nahezu unbekannt war. Es gab Pfeile, die von Raketen angetrieben wurden, Flammenwerfer, giftige Dämpfe, ja sogar eine primitive Abart des Panzers. Aber nichts davon vermochte auf die Dauer die dem Untergang geweihte Sung-Dynastie zu retten. In der zweiten Hälfte des 13. Jahrhunderts ging eine Periode des Friedens zu Ende, und Kublai-Khan, der Enkel Dschingis-Khans, dem später der venezianische Kaufmann Marco Polo als Statthalter dienen sollte, vollendete schließlich das Zerstörungswerk. Nach einem Krieg, der ein halbes Jahrhundert tobte, war das Schicksal der Sung-Dynastie besiegelt. Mit der Machtergreifung der Yüan-Dynastie (ab 1280) – der mongolischen Fremdherrschaft – endete all das, was die frühe chinesische Zivilisation an Hochleistungen hervorgebracht hatte.
Heute ist man in China stolz auf diese Kulturgüter. Die Chinesen erbten Fähigkeiten, die ihre Vorfahren mühsam erlernt haben: mit großer Wahrscheinlichkeit von Lehrmeistern aus dem Kosmos – von den Gelben Göttern...
Hinweise hierfür finden sich in den legendären Erinnerungen dieses alten Volkes in Hülle und Fülle. Einer taoistischen Lehre nach war es den »chen-yen« (»vollkommene Menschen«) angeblich möglich, auf den Flügeln des Windes die Lüfte zu durchqueren. »Sie flogen durch die Wolken, waren imstande, viele Welten zu besuchen, und lebten mitten unter den Sternen«, wird in einem alten Text über sie berichtet. Das ist eine interessante Aussage. Sie berechtigt zu der Annahme, daß die Weltraumfahrt den altchinesischen Gelehrten vertraut gewesen sein muß. Irgendwann scheint dieser kosmische Kontakt, aus welchen Gründen auch immer, zu Ende gegangen zu sein. Im »Shu-ching«, dem »Buch der Urkunden«, erfahren wir:
»Als der Kaiser bei den Menschen nicht mehr die geringste Spur von Tugend wahrnahm, befahl er Chong und Li, jede Verbindung zwischen Himmel und Erde abzubrechen. Seither gibt es keine Abstiege und Aufstiege mehr.«
War das die Zeit, als gewaltige Flutkatastrophen die Erde heimsuchten? Es kann kein Zufall sein, daß die Sintflut-Legende von fast jedem

Volk dieser Welt überliefert wurde. Das Volk der Thai berichtet von urzeitlichen »kupfernen Schiffen«, und die Miaou erzählen von zwei Menschenpaaren, die sich – noch ehe die große Flut hereinbrach – schleunigst in zwei Metalltrommeln retteten und darin verbarrikadierten. Das eine Paar hatte jedoch Pech: Seine Metalltrommel war leider undicht und ging unter. Die darin Eingeschlossenen ertranken hilflos. Das andere Pärchen hatte mehr Glück: Es überlebte die Sintflut.

VI. Gelbe Götter aus dem Kosmos

Die »Wilden von Hubai« – Eisenrollen und Schuhabdrücke – »Der vom Himmel Gekommene« – Vater des Universums – Huang-ti, der Gelbe Kaiser – Ein Kind aus der Retorte? – Botschaft von den Plejaden – Genetisch manipuliert? – Glückswolken – Die Heimat der »Himmelssöhne« – Der Geist des Flusses – Der Kaiser mit den sieben Namen – Flüge ins Weltall – »König Mu und der Zauberer« – Parallelen bei Etana und Ezechiel

Ursprung und Herkunft der Chinesen sowie der Ausgangspunkt ihres kulturellen Aufstiegs haben die Historiker seit jeher fasziniert. Gemeinhin glaubt man, mit dem Peking-Menschen den Vorfahren der gelben Rasse gefunden zu haben. Er lebte angeblich vor etwa 500 000 Jahren. Leider ist der einzige Identitätsnachweis, Schädelreste, die man in einer Höhle nahe von Peking entdeckt hatte, auf mysteriöse Weise abhanden gekommen. Niemand vermag zu sagen, wohin die naturhistorisch wertvollen Skeletteile verschwunden sind.

Mit Sicherheit kann angenommen werden, daß der prähistorische Peking-Mensch fast 300 000 Jahre vor dem Neandertaler lebte. Fraglich bleibt, ob diese Affenwesen tatsächlich die unmittelbaren Vorgänger des Menschen gewesen sind. Immerhin gibt es an die dreihundert Chinesen, die Stein und Bein schwören, auch heute noch mit einem solchen Vorzeit-»Monster« zusammengetroffen zu sein. Unter den Augenzeugen befinden sich auch mehrere Wissenschaftler. Li Jian, Mitglied einer Studiengesellschaft, die sich mit der Existenz der Menschen-Affen-Kreuzung befaßt, weiß sogar über das Aussehen und die Größe dieser »Wilden von Hubai« – wie die Affenmenschen allgemein bezeichnet werden – genau Bescheid: Demnach sind sie am

ganzen Körper rotbraun behaart und über zwei Meter groß. Sie haben eine dunkle Gesichtshaut, buschige Augenbrauen, eine flache Nase, kahle Schläfen und einen den Beatles ähnlichen üppigen Haarwuchs im Nacken. In einem Artikel der Schanghaier Tageszeitung »Xinmin Wanbao« wurde sogar behauptet, daß diese Affenmenschen fähig seien, Werkzeuge zu benützen.
Angeblich leben einige Nachkommen der Mensch-Affen-Kreuzung in den Weiten des mongolischen Gebiets der Wüste Gobi. Sind diese behaarten Gesellen tatsächlich mit den ersten menschlichen Wesen in Chinas grauer Vorzeit gleichzusetzen? Wohl kaum. Das beweisen einige Funde, wie sie erst vor kurzem in der Volksrepublik gemacht wurden. Besonders frappierend erscheint mir jener, von dem mir meine chinesischen Freunde während meines Peking-Aufenthalts im April 1982 erzählten. Wissenschaftler entdeckten demnach in der Provinz Qinghai, und zwar auf einer Halbinsel des Tusu-Sees, in einer felsigen Berghöhle zahlreiche künstlich angefertigte Eisenrollen – jede mit einem Durchmesser von etwa 20 Zentimetern. Der Fund glückte deshalb, weil einige dieser eisernen Artefakte aus dem Gestein herausragten.
Erste Untersuchungen brachten ein sensationelles Resultat. Die Eisenrollen mußten vor rund 400 000 Jahren hergestellt worden sein! Damals war man also bereits imstande, Eisen und Kupfer herzustellen, und nicht erst seit der Han-Dynastie, also um 200 v. u. Z., wie man bisher angenommen hatte. Angesichts solcher Tatsachen verblassen jene Funde, die im Palast-Museum in Pekings ehemals Verbotener Stadt ausgestellt sind. Da gibt es beispielsweise den vorderhand ältesten Mumienfund der Welt zu besichtigen: Die »Young Lady of Loulan« ist, wie schon der Name deutlich macht, ein Mädchen. Die Mumie wurde 1980 in der Region Xinjiang entdeckt. Das »alte Mädchen« hat immerhin mehr als 6470 Jahre auf dem Buckel. »Nur« 3200 Jahre alt ist eine andere weibliche Mumie in diesem Museum, hingegen müssen dem Skelett jenes Dinosauriers, das 1979 von chinesischen Archäologen in Chengdu ausgegraben werden konnte, 150 Millionen Jahre gutgeschrieben werden.
Seit wann aber gibt es in China Spuren menschlichen Lebens? Die Antwort darauf fand im Jahr 1959 der chinesische Archäologe Chau Ming Chen. Er führte eine chinesisch-sowjetische Gruppe von Wissenschaftlern in die Wüste Gobi – und dieses Team machte eine

epochale Entdeckung: Es stieß im Sandstein auf einen Millionen Jahre alten Schuhabdruck!

Es gab also schon in grauer Vorzeit menschenähnliche Wesen in China, für die es scheinbar ganz selbstverständlich war, sich brauchbares Schuhwerk herzustellen. Was waren das für Menschen? Neandertaler? Haben sie wie Menschenaffen ausgesehen? Besaßen sie eine niedere Intelligenz?

Solche Überlegungen können mit ruhigem Gewissen verneint werden. Es handelte sich damals zweifellos um Menschen mit einem beachtlichen Intelligenzquotienten. Das beweist allein schon ihre Fertigkeit, kunstvoll gearbeitetes Schuhwerk zu erzeugen. Dafür ist eine gewisse geistige Reife erforderlich.

Es ist also nicht so, daß Chinas Vorgeschichte lediglich von primitiven Urmenschen geprägt wurde, wie dies Altertumsforscher gerne behaupten. Vielmehr kann angenommen werden, daß die im Reich der Mitte angesiedelte Zivilisation bereits in jenen Zeiten über ein hohes kulturelles Niveau verfügt haben dürfte.

Woher die Chinesen gekommen sind, ehe sie sich in China ansiedelten, darüber streiten die Gelehrten. Man schreibt die Herkunft der gelben Rasse abwechselnd den Altbabyloniern, Ägyptern oder Indern zu. Einige Historiker bringen auch die sagenhaften, versunkenen Kontinente Atlantis, Lemuria oder Mu ins Spiel – doch derartige Überlegungen werden durch keinerlei frühgeschichtliche Mythen der Chinesen gestützt. Bezieht sich ein Altertumsforscher aber auf solche Überlieferungen, dann müßte er zu ganz anderen Ergebnissen kommen. Schließlich muß sich ihm die Frage stellen, weshalb sich sämtliche Herrscher im Reich der Mitte immer wieder als »Himmelssöhne« titulierten. Diese Bezeichnung erfolgte keineswegs zufällig. Bezeichnenderweise ist uns in diesem Zusammenhang ein Schriftzeichen aus der Shang-Dynastie, also zwischen 1500–1100 v. u. Z., erhalten geblieben. Es symbolisiert den Begriff »Himmel«.

Doch inzwischen wissen wir, daß dieses Schriftzeichen im Laufe der Jahrhunderte eine Veränderung durchgemacht hat. Es entspricht längst nicht mehr seiner ursprünglichen Bedeutung. Früher ähnelte es eher einem primitiv gezeichneten Männchen, und es bedeutete: »Der vom Himmel Gekommene«. Entdeckt wurde dieses uralte Schriftzeichen auf Orakelknochen bei den Königsgräbern der Shang in Anyang.

Wer aber war da einstmals aus dem Kosmos herabgestiegen? Vermag uns darüber das »Buch der Wandlungen« aufzuklären? Darin wird die Erfindung des Ackerbaus dem »himmlischen Genius« Außerirdischer zugeschrieben, die den Menschen entsprechende Unterweisungen gaben. Waren das ätherische Wesen? Phantasiegestalten oder gar Besucher aus dem Weltall? Legendäre Überlieferungen aus Chinas grauer Vorzeit besagen einhellig, daß die Vorfahren der gelben Rasse göttlichen Ursprungs gewesen sein sollen. Mit »feurigen Drachen« seien sie zur Erde gekommen und hätten diesen Planeten von China aus besiedelt.

Das mag unglaublich klingen, doch trotz mancher phantastisch anmutender Beispiele über außerirdische Einflußnahme auf das einstige Reich der Mitte ist die Geschichte Chinas seltsamerweise von jeder übertriebenen Mystik verschont geblieben. Während etwa in Indien eine personifizierte Sonne stets als »goldener Gott« bezeichnet wurde, haben die beiden chinesischen Klassiker Shi-Chi und Han-Shu hier genau differenziert: Für sie war jene »Sonne« kein Gott, sondern ein »goldfarbiger, himmlischer Mensch«. Im Verlauf eines halben Jahrhunderts sei dieser Unbekannte mehrfach in Erscheinung getreten, und zwar vor etwa 1500 bis 2000 Jahren.

Um wen hat es sich bei diesem »goldfarbigen, himmlischen Menschen« gehandelt? Um einen Irdischen – oder etwa um einen Extraterrestrier? Jedenfalls um ein Wesen mit menschenähnlichem Aussehen, wie das auch im chinesischen Schöpfungsmythos festgehalten wurde. Da ist nämlich zum ersten Mal von dem Erscheinen eines Menschen die Rede.

Dabei handelt es sich um P'an-ku, der interessanterweise als der Vater des Universums gilt und der – wie bereits erwähnt – »aus einem Ei« geboren wurde. Dieses Ei gilt gleichzeitig als Sinnbild für das Urchaos, aus dem sich im Verlauf von 18 000 Jahren die Erde entwickeln sollte. Taoistische Legenden behaupten, seit dem Erscheinen P'an-kus auf dieser Welt seien bis zum Jahr 479 v. u. Z. genau 276 000 Jahre vergangen. In anderen Berichten wird hingegen von fast 97 Millionen Jahren gesprochen!

Auf den ersten Menschen P'an-ku, der offensichtlich nicht auf unserem Planeten geboren wurde, folgten später die »Herrscher des Himmels«, danach die »Herrscher der Erde«, dann erst die irdischen Könige und Kaiser.

Der populärste Vorfahr in dieser Ahnenreihe war zweifellos Huang-ti, der Gelbe Kaiser. Huang-ti soll in einem großartigen Palast auf dem K'un-lun-Gebirge gelebt haben. Ihm zur Seite stand ein »himmlischer Wächter« mit dem Kopf eines Menschen und dem Körper eines neunschwänzigen Tigers. Bei dieser Mensch-Tier-Kombination scheint es sich um ein Allzweck-Fahrzeug gehandelt zu haben, wobei seine perfekte Manövrierfähigkeit möglicherweise an die Geschmeidigkeit des Tigers erinnerte.

In der international verbreiteten Zeitschrift »China im Aufbau« werden in jeder Ausgabe altchinesische Sagen und Legenden gebracht. Über Huang-ti wird berichtet, er habe einen Hausvogel besessen, der ihm half, Kleider und persönliche Gegenstände in Ordnung zu halten. Also eine Art »geflügelter« Roboter, wie ja überhaupt in jenem Hauptquartier der »Himmelssöhne« auf dem K'un-lun-Gebirge völlig andere Verhältnisse geherrscht haben müssen als anderswo in China. Heißt es doch im Sagentext, dieses Gebirge sei voller seltener Tiere, wunderschöner Blumen und Pflanzen gewesen. Vielleicht hatten sich die außerirdischen Gäste mit der Flora und Fauna ihres eigenen Planeten umgeben, um in ihrem Hauptquartier heimatliche Verhältnisse zu schaffen. Eine Vorgangsweise, die auch uns Menschen nicht unbekannt ist, wenn wir gezwungen sind, in einem fremden Land zu leben. Daß sich die Zentrale der »Himmelssöhne« auf einem Berggipfel befand, scheint klimatische Ursachen gehabt zu haben. Interessant ist auch der Hinweis, Huang-ti habe sich von einer kristallklaren, cremigen Flüssigkeit ernährt, die aus weißem »Jade« gewonnen wurde. Da es diesen »Jade« überall auf dem K'un-lun-Gipfel gab, darf angenommen werden, daß es sich dabei um ein auf der Erde unbekanntes Nahrungsprodukt gehandelt haben muß, das die Gelben Götter wahrscheinlich von ihrem fernen Heimatgestirn einst hierhergebracht und angepflanzt hatten.

Huang-ti selbst war kein Außerirdischer. Er war der Sohn von Fu-pao, was soviel heißt wie »Folgsames Kleinod«, ein Name, den die Mutter Huang-tis gewiß nicht zufällig erhalten haben dürfte. Der Sage nach wurde sie von einem »Himmelssohn« besucht. Das spielte sich so ab, daß Fu-pao einen grellen Blitzstrahl um das Sternbild des Großen Bären wirbeln sah, wobei der »Achsenstern« so stark geleuchtet haben soll, daß davon das ganze Land erhellt worden sei. Als der Lichtstrahl sie »berührte«, wurde sie schwanger, gebar jedoch erst nach 25 (!) Monaten Huang-ti. Möglicherweise erfolgte die Zeugung durch das uns heute bekannte Kloning-Verfahren, also durch eine künstlich vorgenommene Mutation. Huang-ti war demnach das Produkt der Verbindung eines Außerirdischen mit einer Erdenfrau. Daß ihn sein Erzeuger mit großem Wissen ausstattete, ihn also auf seine zukünftigen Aufgaben im Reich der Mitte vorbereitete, wird auch in den Überlieferungen bestätigt: Der Gelbe Kaiser soll den Wagen, das Boot und den sogenannten Südanzeiger-Wagen erfunden haben. Letzterer hatte einen besonderen Rädermechanismus, der einen Zeiger immer nach Süden gerichtet hielt, ganz gleich wohin das Gefährt gelenkt wurde. Es heißt, Huang-ti habe den Richtungsweiser-Wagen in alle Schlachten mitgenommen.

Es verwundert kaum, wenn man aus dem Sagentext erfährt, daß dieser Herrscher auch in der Astronomie sehr bewandert war. Ihm wird der Entwurf des ersten chinesischen Kalenders zugeschrieben. Und natürlich hatte Huang-ti von seinen Lehrmeistern auch eine medizinische Ausbildung erhalten. Seine Gespräche über Diagnose und Therapie mit dem Arzt Qi Bo wurden in Chinas erstem medizinischen Fachwerk »Nei Jing« aufgezeichnet.

Daß sich der Gelbe Kaiser mit fähigen Leuten umgab, die ihrerseits bedeutende Erfindungen in die Wege leiteten, wurde ebenfalls überliefert: Cang Jie entwickelte die Bilderschrift, Ling Lun die Zwölftonskala sowie verschiedene Musikinstrumente, Da Nao vollendete den Kalender, Feng Bo baute nach Huang-tis Ideen einen Südanzeiger-Wagen, Li Shou konstruierte Meßinstrumente, und Lei Gong und Ji Bo waren für die Herstellung von Medikamenten, Schiffen, Fahrzeugen sowie Pfeilen und Bogen verantwortlich. Auch Huang-tis Frau Lei Zu blieb da nicht untätig: Sie lehrte die Menschen, Maulbeerbäume zu pflanzen, Seidenraupen zu züchten und Kleider zu nähen. Es ist erwiesen, daß alle diese Dinge vor etwa 5000 Jahren in China tatsächlich eingeführt worden sind.

Um Huang-ti, der zum Symbol der Kultur und schöpferischen Intelligenz des chinesischen Volkes wurde, ranken sich viele Legenden. So soll sich im 20. Jahr seiner Thronbesteigung ein ungewöhnliches Phänomen ereignet haben: Am Himmel erschienen glänzende bunte Wolken, und in ihrer Nähe soll sich eine rotglühende Luftzone mit einer grünen abgewechselt haben. Der rotglühende Teil hatte zwei Sterne in der Mitte, der grüne Teil hingegen nur einen Stern. Man nannte die drei Himmelskörper »die glänzenden Sterne«, und sie sollen am klaren Morgenhimmel wunderschön geleuchtet haben. Ähnliche Beschreibungen sind uns nicht unbekannt. Handelte es sich bei diesen »Sternen« vielleicht um UFOs?

Huang-tis Verbindung zu kosmischen Besuchern läßt sich auch anhand einer Überlieferung nachweisen, die von seinem Kampf gegen Chi You berichtet. Sie ist in dem Werk »Tai Ping Yu Lan« erhalten geblieben, das Li Feng zusammenstellte. Chi You wird darin als eine Gottheit beschrieben, was den Schluß zuläßt, daß es zwischen einzelnen »Himmelssöhnen« zu Eifersüchteleien gekommen sein muß. Der Leidtragende scheint der Halbgott Huang-ti gewesen zu sein, der gegen die willkürlichen Machtansprüche Chi Yous zu Felde zog.

Es kam zu einem erbitterten Gefecht. Wenn man die symbolischen Umschreibungen der Kampfausrüstung wegläßt, dann wird klar, mit welchem »Kriegsspielzeug« Chi You seinen Gegner zu besiegen trachtete:

Mit Panzerfahrzeugen.

Wie anders sollte man Beschreibungen interpretieren, in denen von 72 – in anderen Versionen von 81 – »Brüdern« Chi Yous die Rede ist, deren Aussehen furchteinflößend gewesen sein soll: »Ihre Köpfe waren aus Bronze und ihre Stirnen aus Eisen. Sie hatten menschliche Gesichter, aber die Körper waren von Tieren«, berichtet die Legende – und erwähnt außerdem, Chi You habe sich besonders auf das Schmelzen von Bronze und das Schmieden von Waffen verstanden. Da wird es auch klar, woher Huang-ti jenen »himmlischen Wächter« genommen hat, der sein Hauptquartier auf den K'un-lun-Gebirge bewachte und von dem bereits berichtet wurde. Dieser war eine Kriegsbeute aus dem Waffenlager Chi Yous, dem der Gelbe Kaiser erfolgreich Paroli geboten hatte.

Zunächst aber mußte Huang-ti gegen seinen bestens ausgerüsteten Gegner Niederlage um Niederlage hinnehmen, und aus den im Legendentext enthaltenen »Frontberichten« erfahren wir sogar, mit welchen Methoden sein Rivale die Schlachten gewann. Beispielsweise ließ er im ärgsten Kampfgetümmel »einen dichten Nebel aufziehen, der den Männern des Gelben Kaisers die Sicht nahm«. Huang-ti rettete die Situation durch den Einsatz seines Südanzeiger-Wagens, der ihm und seinem Heer durch den dichten Nebel den richtigen Weg wies.

Es muß damals recht wüst auf dem Kriegsschauplatz zugegangen sein – und die Technik in der vielfältigsten Art scheint auf beiden Seiten Trumpf gewesen zu sein. Im Sagentext wird dies anhand bestimmter Umschreibungen deutlich: Es heißt, in Chi Yous Heer habe es viele Monstren und Dämonen gegeben – was natürlich nicht wörtlich zu nehmen ist, doch in einer technologischen Interpretation verständlich wird.

Man denkt unwillkürlich an die Zerstörung des biblischen Jericho, wenn man erfährt, der Gelbe Kaiser habe seine Männer angewiesen, aus Tierhörnern Instrumente herzustellen. Mit diesen Hilfsmitteln war es ihnen nun möglich, den Drachenschrei täuschend nachzuahmen. Und siehe da: »Als die Dämonenkrieger den Laut hörten, waren sie gelähmt vor Schrecken und verloren die Schlacht.«

Wurden Chi Yous Panzerwaffen mit Hilfe von Ultraschallkanonen ausgeschaltet?

»Chi You bat daraufhin einen Drachengott um Hilfe, der ein mächtiges Gewitter über den Gegner heraufbeschwor«, berichtet die Legende. Huang-ti antwortete mit einer »Hitzewelle«, und diesmal gelang ihm offenbar die völlige Vernichtung der gegnerischen Panzer, denn es heißt wörtlich: »Bevor Chi Yous Brüder sich von ihrem Schrecken erholen konnten, hatten die Krieger des Gelben Kaisers sie geschlagen.« Aber der »Frontbericht« ist damit noch nicht zu Ende. Chi You sammelte seine Streitmacht zu einer Entscheidungsschlacht im Gebiet von Zhoulu. Mit Hilfe der aus dem Norden kommenden Kuafu-Riesen versuchte er, die Truppen des Gelben Kaisers zurückzudrängen, was ihm zunächst auch tatsächlich glückte. Zwar ist in den Chroniken nicht überliefert, wie es Huang-ti dann doch noch gelang, Chi You zu besiegen, gefangenzunehmen und ihn hinrichten zu lassen, doch wird immerhin angedeutet, es sei ihm dies »mit einer Strategie, die er von der Göttin des Neunten Himmels erlernte«, schließlich gelungen. Der Gelbe Kaiser herrschte nun über die gesamte Mittlere Ebene: Sein Reich erstreckte sich im Osten bis ans Meer, im Westen bis in die Provinz Gansu, im Süden stieß es an den Chanjiang und im Norden umfaßte es die Provinzen Shaanxi und Hebei. Huang-ti blieb der irdischen Welt nicht mehr lange erhalten. Als er 110 Jahre alt geworden war, schmiedete er beim Jingshan-Berg einen bronzenen Dreifuß, danach soll ein Drache vom Himmel gekommen sein. Der überbrachte dem Gelben Kaiser den Befehl des Himmelskönigs,

Chinas Märchen erzählen von einem fliegenden »Wunderpferd«.

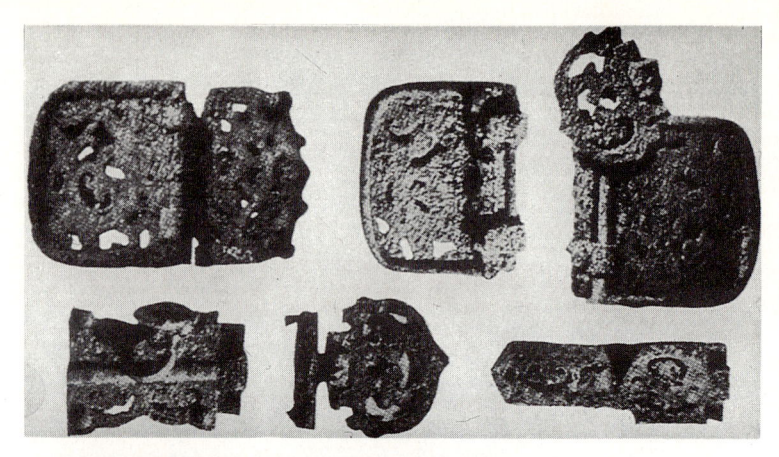

Aluminiumgürtel aus der Grabstätte des chinesischen Feldherrn Chou Ch'u, der im Jahr 299 starb. Damals waren die Chinesen bereits imstande, Aluminium herzustellen.

Im Jahr 1974 wurden in der Nähe der Grabstätte des Kaisers Ts'in Schihuang-ti mehr als 8000 überlebensgroße Figuren aus Ton – Soldaten, Pferde und Streitwagen – entdeckt.

Darstellung eines legendären »Drachenwagens«. Das Original der Steingravur aus dem Jahr 147 v. u. Z. befindet sich auf einem Grabstein in der Provinz Schantung.

Mit solchen Fluggeräten reisten die Abgesandten der legendären Chi-Kung vor 3800 Jahren zu Kaiser T'ang.

奇肱國
人能為飛車從風遠行湯時奇肱人以車乘西風至豫州湯
壞其車不以示民後十里東風至乃使乘車復歸其國去門
之西一萬里

山縣士文於会王大
山人思老更影譚

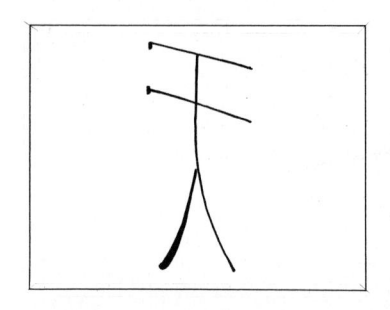

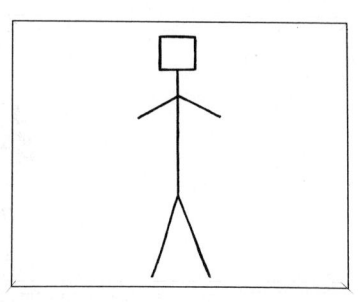

繪圖鏡花緣
第九十四回圖

*Linke Seite:
Schriftzeichen aus der Zeit der Shang-Dynastie; es symbolisiert den Begriff »Himmel«.*

Ursprünglich sah das »Himmels«-Zeichen so aus und bedeutete: »Der vom Himmel Gekommene«.

Alter chinesischer Flugwagen. Tuschzeichnung aus dem frühen Mittelalter.

Chang Hengs Seismograph, 2. Jh. Bei Erdstößen fielen die Bronzekugeln aus den Drachenmäulern, wurden von den Kröten aufgefangen und lösten dadurch ein Glockensignal aus.

Diese geheimnisvollen Zeichnungen fand man auf dem »Wolf-Berg« in der Inneren Mongolei.

Ein altes China-Relief zeigt Fluggeräte auf der Rentierjagd.

Rekonstruktionszeichnung von chinesischen Pyramiden.

Symbolische Darstellung der Himmelsreise Chang Es. Der Sage nach flog sie mit ihrem Mann Hou Yi, dem Meisterschützen Kaiser Yaos, vor fast 4000 Jahren zum Mond.

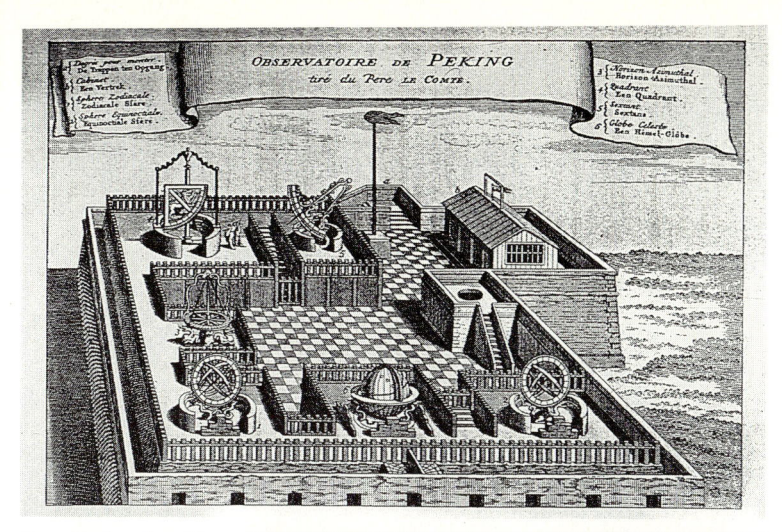

Fast alle Angaben über Sternexplosionen der letzten 3000 Jahre stammen aus chinesischen Quellen. Dieser Kupferstich aus dem 18. Jh. zeigt eine alte Sternwarte in Peking.

Titelseite der chinesischen Zeitschrift »The Journal of UFO-Research«.

Der Mondflug von Chang E wird auch auf Gemälden dargestellt.

wieder in den Himmel zurückzukehren. Huang-ti bestieg mit 70 seiner Beamten das Fluggerät, flog damit zunächst zum Qiaoshan-Berg in der Provinz Shaanxi und nahm dort von seinen Untergebenen Abschied. Danach flog er mit dem Drachenschiff »in den Himmel«. Ihm zu Ehren baute man auf den Qiaoshan-Berg eine Grabstätte. Sie mißt im Umfang 18 Meter und ist über 3 Meter hoch.

Mysteriös ist auch die Herkunft des Kaisers Yao. Seine Mutter war Ch'ing-tou (»Alle grüßen«), und es wird berichtet, sie sei ständig von einer seltsamen gelben Wolke umgeben gewesen. Ch'ing-tou wurde von einem Drachen begleitet (ein Fluggerät?), und einmal überbrachte ihr dieser eine versiegelte Botschaft sowie das Bildnis eines geheimnisvollen Unbekannten. In der Botschaft hieß es: »Der Rote wird vom Höchsten beschützt.«

Die Augenbrauen auf dem Bildnis sollen dem Zeichen *Pa* entsprochen haben und ungleich gewesen sein. Haare und Bart des Unbekannten waren einen Fuß lang, seine Größe betrug sieben Fuß, zwei Zoll. Das Antlitz auf dem Bildnis war oben schmal und unten breit, und seine Füße standen auf dem Zeichen für *Yi*, das bedeutet »Krater« oder »Hydra«.

Wieder kam es zu einer künstlichen Befruchtung, denn die Überlieferung umschreibt, der Rote (ein Drache?) habe Ch'ing-tou berührt – und das in Verbindung mit einem »kalten Wind« –, worauf sie schwanger wurde.

Yao kam 14 Monate später in Tanling zur Welt. *Tanling* bedeutet soviel wie »Zinnoberroter Erdhügel«. War damit vielleicht die Kuppel eines UFOs gemeint, die medizinische Station der »Himmelssöhne«? War Yao ein Kind aus der Retorte? Wie sollte man sonst den Hinweis verstehen, das Aussehen des Knaben habe jenem Unbekannten auf dem Bild geglichen, das der Mutter noch vor der Geburt ihres Sohnes gezeigt worden war? *Yao* bedeutet soviel wie »Erhabener«. Es stellte sich bald heraus, daß er äußerst wißbegierig war. Er befahl seinen beiden Hofastronomen Hsi und Ho, den Kalender zu berechnen und die Gestirne zu beschreiben.

Später mehrten sich in seiner Regierungszeit die wundersamen Vorzeichen. In seinem 29. Regierungsjahr – und zwar im Frühling – wurde Yao vom Chef der Zwerge besucht. Ch'iao-yao, so hieß er, maß lediglich etwas über einen Fuß und überbrachte dem Kaiser »sinkbare Federn«, also Flügel, als Tribut.

Im 42. Regierungsjahr Yaos wurde ein »Stern« beobachtet, der sich in einem Vulkankrater niederließ. Acht Jahre später bestieg der »Erhabene« ein seltsames Gefährt, das im Sagentext als ein »Fahrzeug von früher« bezeichnet wird. Das Gefährt wurde »von summenden Ameisen« bewegt (womit wohl der Antrieb gemeint war), und Yao flog auf den Shou-shan, den Hauptberg seines Reiches.

Im 70. Jahr seiner Herrschaft soll sich jener »Stern« aus dem Krater wieder gezeigt haben. Offenbar hatten sich Yaos außerirdische Beschützer gemeldet und wollten dem Kaiser einiges anbieten. Jedenfalls ist überliefert, daß in dieser Zeit das »rote Wunderkraut« gewachsen sei, köstliches Getreide reifte, würziger junger Wein duftete, frische Quellen den Hügeln entsprangen und Sonne und Mond »wie Edelsteine« ausgesehen hätten. Rätselraten verursacht ein Satz, der so wirkt, als habe man ihn willkürlich hinzugefügt. Er lautet: »Die fünf Planeten sahen aus wie eine aufgereihte Perlenschnur.« Welche fünf Planeten? Natürlich ist hier in keiner Weise von Planeten und Gestirnen die Rede. Vielmehr schwebten fünf künstliche Fluggeräte über Yaos Palast. Wurden UFOs nicht schon oft mit »Perlen am Himmel« verglichen? Ähnliche Beschreibungen findet man auch in den altindischen Sanskrittexten. Dort werden diese geheimnisvollen Flugobjekte »Vimanas« genannt.

»Kosmisch« wird es im folgenden Abschnitt. Yao beschloß nämlich, zugunsten seines Nachfolgers Shun abzudanken. Gemeinsam stiegen sie auf den Shou-shan, den Berg des »Erhabenen«. Zwischen den Inselchen des Flusses Ho schwebten währenddessen »die fünf Weisen der fünf Planeten«, also die Piloten jener Flugscheiben, die vorher wie Perlen am Himmel geschwebt waren.

Die Fremden verkündeten Yao und Shun: »Aus dem Fluß wird die Tafel kommen, die dem Herrscher die Zeit kündet. Er, der uns kennt, ist der Gelbe Yao mit den doppelten Pupillen.« Daraufhin flogen die »fünf Weisen wie strömende Sterne empor, um in die Plejaden einzutreten«. Deutlicher kann die kosmische Herkunft der fremden Besucher im Reich Yaos wohl kaum bezeugt werden.

Zwei Jahre nach diesem Ereignis – und zwar im 2. Monat, wie die Legende weiß – »kam im Zwielicht aus der Dämmerung ein strahlendes Licht hervor und ruhte über dem Ho-Fluß. Vier Dampfwolken, die sich im Wind drehten, hielten plötzlich an und stiegen dann rüttelnd auf. Es war jedoch ein Drachenpferd, das im Maul eine grüne Rüstung mit roten Ornamenten trug, die es oben auf der Plattform auswarf. Dann verschwand es. Die Rüstung glich einem Schildkrötenpanzer.« Das Drachenpferd hinterließ auch eine Botschaft für Yaos Nachfolger Shun: »Mit Wohlgefallen dem Herrscher Shun gewidmet.« Unterzeichnet hatte der »Höchste«.

Aus heutiger Sicht läßt sich die Erscheinung über dem Fluß klar deuten: Ein scheibenförmiger Flugkörper, der rotierte, dann in Ruhestellung verharrte und eine schriftliche Botschaft zurückließ, die vermutlich vom Kommandanten der »Himmelssöhne« unterzeichnet worden war. Was dem De-facto-Statthalter der Außerirdischen im Reich der Mitte zur besonderen Ehre gereichte. Wie sich bald herausstellte, hatten sie mit ihm etwas Besonderes vor.

Zwei Jahre später gaben die Fremden aus dem All, deren Heimatwelt wohl im Sternsystem der Plejaden gesucht werden muß, ein neuerliches Lebenszeichen:

»Da kam ein rotes Licht. Eine Schildkröte stieg herab und hielt auf dem Platz an. Sie trug auf dem Rückenpanzer, und zwar mit roten Schriftzeichen, die Botschaft, daß der Herrscher nun zurücktreten und Shun ihm nachfolgen solle.«

Kaiser Yao dürfte über diese Anordnung nicht sonderlich entzückt gewesen sein. Zwar befahl er jetzt einer seiner Töchter, Shun zu ehelichen, er selbst behielt jedoch vorderhand die Regierungsgewalt. Es scheint ihm damals gelungen zu sein, die ungeduldig wartenden »Himmelssöhne« zu beschwichtigen, denn, so liest man, der »Herr der Lüfte« habe im 75. Jahr der Herrschaft Yaos sogar die Flüsse Lo und Ho reguliert, und weil es zehn Jahre später Unruhen im Reich gab, zeigten sich die »Himmelssöhne« als willige Besatzungsmacht und brachten die aufständischen Ts'ao und Wei mit Waffengewalt zur Räson. Danach, und zwar im 86. Regierungsjahr Yaos, kam der »Herr der Lüfte« höchstpersönlich auf die Erde. Abermals dürfte es dem Kaiser gelungen sein, eine Verlängerung seiner Amtszeit zu erwirken, weil man erfährt, daß er auch im 97. Regierungsjahr noch über China herrschte und der »Herr der Lüfte« eine Besichtigungsreise durch die Verwaltungsbezirke der einzelnen Provinzen absolvierte.

Erst nach seinem hundertsten Regierungsjahr mußte sich Yao empfehlen. Er soll damals in »T'ao« zum Himmel aufgestiegen sein. *T'ao* heißt interessanterweise »Brennofen mit Sieb«.

Auch wenn es heute nicht mehr möglich ist, jede Einzelheit dieser Legendentexte zu analysieren, worum es sich dabei im wesentlichen gehandelt haben muß, ist eindeutig. Der mysteriöse »Herr der Lüfte« ist zweifellos ein wichtiger Beauftragter des »Höchsten«, der in der hierarchischen Rangordnung der Fremden eine verantwortungsvolle Position innehatte. Die »Himmelssöhne« waren gewissermaßen etwas Ähnliches, was man heute als Besatzungsmacht bezeichnen würde. Sie kontrollierten scheinbar das damalige Reich der Mitte sehr genau, und sie behandelten die dort regierenden Kaiser wie Kolonialbeamte.

Somit ist es gar nicht verwunderlich, daß sich die späteren Herrscher Chinas, als die außerirdischen »Himmelssöhne« längst ihre Erdstützpunkte verlassen hatten und ins All zurückgekehrt waren, ebenfalls als »Söhne des Himmels« bezeichneten – ohne es auch nur im entferntesten zu sein. Yao wurde anscheinend, aus welchen Gründen auch immer, von den Außerirdischen mitgenommen.

Von Interesse für uns ist die Andeutung, Yao sei in »T'ao« zum Himmel aufgefahren, kann doch dieses Geschehen mit einem ähnlichen Ereignis verglichen werden, das im »Codex Mendoza« in Mexico City aufgezeichnet wurde. Darin heißt es, Quetzalcoatl, der Kulturbringer der Tolteken, sei nach der Zerstörung der letzten Sonne mit seinem Zwillingsbruder Xolotl am Strand von Yucatán »unter Feuer und Rauch« zum Himmel aufgefahren und in östliche Fernen entschwunden. Es existieren Zeichnungen, die den »geschundenen Gott« – wie Quetzalcoatl irrtümlich bezeichnet wurde – auf einem Gerüst zeigen, ehe er in den Himmel aufsteigt.

Bei dem »Brennofen mit Sieb« scheint es sich um eine ähnliche Vorrichtung gehandelt zu haben, und zwar um eine Startrampe für das außerirdische Raumschiff, das Yao bestieg, ehe er China für immer verließ.

Im übrigen war auch sein Nachfolger Shun göttlicher Herkunft. Seine Mutter – sie hieß Wu-Tang (»Handvoll«) – sah eines Tages einen riesigen Tausendfüßler, »der sie berührte«. Der »Tausendfüßler« war sicher kein Tier, soviel ist klar, sondern eher ein Transportgerät der »Himmelssöhne«. Die Aussage, Wu-Tang sei bei dieser Begegnung »berührt« worden, ist wohl mit einiger Gewißheit als diskrete Umschreibung für einen bei dieser Gelegenheit vollzogenen Geschlechtsakt zu werten. Was durch den Legendentext selbst bestätigt wird,

denn bald nach der Begebenheit gebar die Chinesin in Yao-hsiu
(»Schöner Markt«) einen Knaben, den sie Shun nannte. Auch Shun
unterschied sich – wie vor ihm bereits Yao – im Aussehen von seinen
irdisch geborenen Mitmenschen.
Was weiter nicht verwundert, er war ja schließlich außerirdisch
gezeugt worden.
Wie Yao hatte auch Shun »Augen mit doppelten Pupillen«, was ihm
den Beinamen Chung-hua (»Doppelte Klarheit«) eintrug. Die Überlieferung berichtet außerdem, er habe »die Gesichtsfarbe eines Drachen, einen großen Mund und einen schwarzen Körper« gehabt. Das
sind interessante Hinweise auf das Aussehen der »Himmelssöhne«.
»Er wurde 6 Fuß, ein Zoll groß, und seine Eltern haßten ihn«,
erfahren wir weiter und erkennen erstaunt, daß Shun körperlich von
riesigem Wuchs gewesen sein muß. Ein Fuß entspricht nach einem
alten deutschen Längenmaß etwa 36 Zentimetern. Sechs Fuß sind
demnach 2,16 Meter. Mit dem zusätzlichen Zoll (3 Zentimenter) war
das eine respektable Länge. Daß Shuns Eltern bei seinem Anblick –
schon aufgrund seines eher fremdartigen Aussehens – ein gewisses
Unbehagen verspürten, ja, daß sie sogar eine Abneigung ihrem Sohn
gegenüber hatten, ist durchaus zu verstehen.
Auf welche Weise Yaos Nachfolger gezeugt worden sein könnte, hat
der Schweizer »Götterforscher« Erich von Däniken in verständlicher
und heute von Wissenschaftlern bereits nachvollziehbarer Form beschrieben:
Außerirdische entnahmen einem ausgesuchten Menschenexemplar
eine Zelle, veränderten sie genetisch und pflanzten diese nun mutierte
Zelle einer dafür auserwählten Frau ein. Nach einer bestimmten Zeit
gebar die Frau ein Kind. Es war ein erbgleicher Nachkomme der
Außerirdischen, sozusagen ein Retortenbaby.
Da auch Shun kein Produkt einer Liebesvereinigung seiner offiziellen
Eltern war, stand er von Anfang an unter »höherem« Schutz. Er
genoß die Unterstützung seines leiblichen – außerirdischen – Vaters,
was aus dem weiteren Inhalt jener Legende, die über das Schicksal
Shuns berichtete, unmißverständlich herauszulesen ist.
Auch Yaos »programmierter« Nachfolger mußte irdische Arbeiten
verrichten. Er wurde, wie es heißt, zu niederen Diensten angehalten
und von seinen Eltern veranlaßt, beispielsweise den Getreidesilo vom
Schlamm zu säubern. Dann entzündeten sie darunter ein Feuer. Shun

war dennoch nicht gefährdet. Er »zog das Arbeitskleid eines Vogels an und flog davon«, wird überliefert. Daß es sich bei diesem »geflügelten« Anzug um ein mechanisches Hilfsmittel gehandelt haben muß, das Shun wohl von seinen außerirdischen Gönnern erhalten hatte, steht fest.

War er vielleicht ein Vorläufer unserer »rocket-belt-men«?

Die Aversion der Eltern gegen dieses andersartige Kind scheint im Laufe der Zeit eher zugenommen zu haben. Die Legende jedenfalls erzählt, daß Wu-Tang und ihr irdischer Ehemann alles taten, um den ungeliebten Sohn zu vernichten. Zwar war ihr erster Anschlag im Getreidesilo mißlungen, doch sie versuchten es ein zweites Mal. Sie veranlaßten Shun, einen Brunnen auszumauern, und füllten dann den Schacht mit Steinen. Der Knabe schien diesmal rettungslos verloren. Unter einer Steinlawine begraben, gelang es ihm abermals, sich zu retten: »Shun zog das Arbeitskleid eines Drachen an und befreite sich selbst«, lesen wir erstaunt. Woraus dieses Drachengewand im einzelnen bestand, ist nicht überliefert. Da es sich bei den sogenannten »Drachen« ja keineswegs um Tiere, sondern vielmehr um mechanische Geräte handelte, ist daraus zu schließen, daß Shun eine bestimmte Maschine zu aktivieren verstand, mit deren Hilfe er der Steinlawine Herr werden konnte.

Shun residierte in Chi (»Hoffnung«), war ein großer Künstler und erfand die Musik Ta-shao (»Große Bewunderung«). Bei seiner Krönung soll auf den Stufen des Thrones die Wunderpflanze Ming-lai (»Glücksbohne«) gewachsen sein, und auch seine außerirdischen Gönner erwiesen ihm ihre Reverenz: Wie auch schon bei Yao ließen sich »Phönixe« in der Empfangshalle des Palastes nieder.

»Wenn sie die ›klingenden Steine‹ berührten«, wird berichtet, »um die neun Gesänge von Shuns Musik zu begleiten, dann tanzten alle anderen Tiere danach.« Wir wissen zwar nicht genau, wer diese »Phönixe« wirklich gewesen sind, aber wir erfahren: Shun war nicht nur ein guter und anerkannter Komponist seiner Zeit, er besaß auch ein Orchester, das seine Werke intonierte. Da die »Phönixe« außerirdischer Herkunft gewesen sein dürften, kann deshalb auch angenommen werden, daß Shun die Musik Ta-shao sozusagen aus anderen Sphären nach China importiert haben muß.

Bereits in seinem ersten Regierungsjahr empfing der neue Kaiser außerirdischen Besuch: »Ein strahlender Stern kam aus dem Gebiet des Skorpions«, ist überliefert – was wohl die Landung eines UFOs anzeigt; später scheint es vermehrte kosmische Kontakte zwischen Shun und seinen Gönnern, den »Himmelssöhnen«, gegeben zu haben. Der folgende Text sollte daher aufmerksam gelesen werden:

»Im 14. Regierungsjahr sah man eine ›Wolke‹, und Shun befahl dem Minister Yü, die Angelegenheit zu untersuchen. In diesem Jahr kam vor dem Ende einer Aufführung mit Glocken, klingenden Steinen, Orgeln und Flöten ein großer Gewittersturm. Der Wind zerstörte Häuser und riß Bäume aus. Die Trommeln wurden auf die Erde verstreut, Glocken und Steine wirbelten umher. In dem Aufruhr fielen die Menschen übereinander, und der Musikmeister rannte in panischem Schrecken davon. Shun aber, der sich an dem Gerüst festhielt, von dem die Glocken und Klangsteine herabhingen, lachte und rief: ›Wie klar ist es, daß dieses Reich keines Menschen Reich ist!‹ Daraufhin stellte er seinen Minister Yü dem Himmel vor und veranlaßte den Beamten, sich wie ein ›Sohn des Himmels‹ gegenüber dem Herrscher zu verhalten. Danach wurden die Lüfte ruhig auf allen Seiten, und es erschienen ›Glückswolken‹. Sie waren wie Rauch und doch kein Rauch, wie Wolken und doch keine Wolken, alle durcheinanderstrahlend, wirbelnd und sich wie Scheiben drehend oder wie Spiralen gegeneinander schwebend... Als die Herrlichkeit erschöpft war, hoben die ›Wolken‹ ihre Schleppen und rollten sich ein und gingen fort. Dann drehten sich die acht Winde, und die ›Glückswolken‹ rollten sich ein. Die feurigen Drachen kamen schnell aus ihren Lagern.
Shun aber errichtete eine Plattform am Ho, wie Yao es zuvor getan hatte in alter Zeit. Als der Tag sich neigte, sah man ein glänzendes Licht. Ein ›gelber‹ Drache erschien und ließ sich auf der Plattform nieder. Er trug eine Tafel, die 32 Fuß lang und 9 Fuß breit war, mit roten und grünen Zeichen, die besagten, daß Shun zugunsten Yüs abdanken sollte.«

Auch diesmal wurde die Nachfolgefrage »von oben her« geregelt. Bemerkenswert an der Erzählung ist die sehr realistische Beschreibung jener »Glückswolken«, die – wie im Legendentext ausdrücklich vermerkt ist – keine echten Wolken waren (»Sie waren wie Rauch und doch kein Rauch, wie Wolken und doch keine Wolken...«). Ihr

Aussehen gleicht frappierend jenen Flugscheiben, wie sie gelegentlich am Himmel beobachtet worden sind. Wer Gelegenheit hatte, vor einigen Jahren Steven Spielbergs Science-fiction-Film »Unheimliche Begegnung der dritten Art« zu sehen, und sich noch an die Wolkenspiele vor dem Auftauchen der UFOs erinnert, dem wird die in dem chinesischen Legendentext überlieferte Schilderung des damaligen Ereignisses bekannt vorkommen. Es muß wahrlich ein imponierendes Schauspiel gewesen sein, das sich da in den Lüften über Shuns Kaiserpalast ereignet hatte.

Wer bei derartigen Legenden lediglich von Symbolik spricht, dem fehlt der Klarblick. Die Passage: »Als der Tag sich neigte, sah man ein glänzendes Licht. Ein ›gelber‹ Drache erschien und ließ sich auf der Plattform nieder«, kann eindeutig als das Erscheinen eines UFOs interpretiert werden.

Ursache und Wirkung sind ebenfalls klar: Als die Dunkelheit hereinbrach, erkannten Shun und seine Getreuen ein Licht, das schnell näher kam und schließlich in Gestalt eines »gelben« Drachen auf der Plattform landete.

Wir wissen inzwischen, daß im alten China die Bezeichnung »Drache« ganz und gar nichts mit dem uns geläufigen Fabeltier zu tun hatte und daß es sich dabei auch nicht um einen Saurier gehandelt haben kann. Der Drache symbolisiert bei den Chinesen seit jeher – kosmische Kraft. Daran ist nicht zu rütteln, auch wenn heute die eigentliche Bedeutung dieser Bezeichnung aus der Erinnerung der modernen »Himmelssöhne« entschwunden ist.

Nach der Landung des »gelben« Drachen akzeptierte Shun (wahrscheinlich schweren Herzens, denn wer dankt schon gerne ab?) die Botschaft seiner Gönner und überließ bald danach den Platz seinem Nachfolger Yü.

Auch über ihn ist Erstaunliches zu berichten.

Yüs Mutter hieß Hsiu-chi (»Zierendes Ich«). Auch sie sah eines Tages etwas Seltsames am Himmel, und zwar einen glänzenden Stern, der durch die Plejaden ging.

Diese Sterngruppe war die Heimat der Gelben Götter.

Die sich mehrfach wiederholenden Hinweise auf den Herkunftsort der Außerirdischen im alten China halte ich für ein bemerkenswertes Indiz. Die Plejaden sind eine Sterngruppe, die aus rund 120 Haufenmitgliedern besteht. Sie gehören zum Sternbild des Stiers, und sie bewegen sich mit großer Geschwindigkeit durch den Kosmos. Diese Sterngruppe ist an die 400 Lichtjahre von uns entfernt; Astronomen schätzen ihr Alter auf 600 Millionen Jahre.

Neun Sterne aus diesem System sind mit freiem Auge erkennbar, sieben davon sogar besonders deutlich. Diese sind als »Siebengestirn« bekannt. Namensgeber des Sternhaufens war übrigens die griechische Mythologie, und es ist interessant, daß die Plejaden mit Atlantis in Verbindung gebracht werden. Und das wahrscheinlich deshalb, weil Atlantis »zu Atlas gehörend« bedeutet. Die Plejaden wurden bei den alten Griechen nach den sieben Töchtern des Atlas und der Okeanide Pleione benannt.

Im übrigen spielen die Plejaden nicht nur in China eine wichtige Rolle. Auch die Maya-Mythen in Lateinamerika erwähnen das Siebengestirn. Im »Popol Vuh«, dem »Buch des Rates«, ist beispielsweise davon die Rede, daß 400 himmlische Jünglinge, nachdem sie sich unter die Menschen gemischt und hier an Kämpfen und anderen entwürdigenden Geschehnissen teilgenommen hatten, wieder zu den Plejaden zurückgekehrt sein sollen. Das muß vor sehr langer Zeit geschehen sein, denn das »Popol Vuh« enthält bekanntlich den Schöpfungsmythos der Quiché-Indianer. Daß hierbei ausdrücklich die Plejaden erwähnt werden, ist äußerst interessant. Es erscheint in diesem Zusammenhang bemerkenswert, daß die Fremden von den Sternen nicht nur den alten Chinesen ihre Aufwartung gemacht haben, sondern daß sich deren Spuren auch in anderen Kulturkreisen – etwa bei den Quiché-Indianern – wiederfinden. Verständlich wird nun auch, weshalb Retortenkinder der »Himmelssöhne« (in Südamerika nannten sie sich »Söhne der Sonne«) anatomisch nicht so ganz den Erdbewohnern ähnelten, was das Aussehen des Kaisers Shun auch deutlich macht.

Mit großem Feingefühl umschreiben Alt-Chinas Chronisten die Zeugung ihrer kaiserlichen Vorfahren. Auch jene von Yü, dessen Mutter von der Landung eines fremden Objekts überrascht wurde. Was sich im einzelnen ereignete, ist nicht überliefert. Diskret wird angedeutet: »Im Traum wurde ihr Geist bewegt, bis sie schwanger wurde, worauf sie eine Geisterperle schluckte. Nach der vorgesehenen Zeit gebar sie Yü in Shih-niu.«

Vermutlich war der Zeitablauf von der Zeugung Yüs bis zu seiner Geburt von den »Himmelssöhnen« genau programmiert worden. Der

Hinweis »nach der vorgesehenen Zeit« läßt alle Möglichkeiten offen, weil wir heute nicht wissen können, in welchem Zeitraum Befruchtung und Geburt des Göttersohnes erfolgten. Auch einen Deutungsversuch der »Geisterperle« müssen wir uns versagen, da uns hierfür nähere Angaben fehlen.

Jedenfalls weist auch Hsiu-chis Sohn Yü erhebliche anatomische Unterschiede gegenüber seinen Mitmenschen auf. Sonst wäre es wohl nicht zu dieser absonderlichen Beschreibung seines Aussehens durch die altchinesischen Chronisten gekommen: »Er hatte die Nase eines Tigers und einen großen Mund. Seine beiden Ohren waren ungleich. Auf dem Kopf war eine Sichel eingraviert, auf der Brust trug er einen Edelstein mit dem Zeichen des Großen Bären. Seine Fußlinien entsprachen dem Zeichen des letzten Monddrittels. Deshalb nannte man ihn Wen-ming (›Schicksalslinien‹).«

Bemerkenswert an dieser Erzählung ist auch der Hinweis, der junge Yü habe bei Kaiser Shun besondere Sympathie genossen. Keinerlei Eifersucht war im Spiel. Noch zu Yaos Lebzeiten habe sich Shun des Knaben angenommen und ihn, wo er nur konnte, gefördert.

Yüs Lebensjahre sind von zahlreichen Legenden umrankt. Eine davon berichtet von einem höchst merkwürdigen Abenteuer des jungen Mannes, als er sich in einem Turm befunden haben soll und auf den Ho-Fluß blickte. Plötzlich sei aus dem Gewässer ein »großer Mann mit weißem Gesicht und einem Fischleib« aufgetaucht, berichtet der Mythos. Das halbamphibische Wesen bezeichnete sich Yü gegenüber als »Geist des Flusses« und forderte ihn auf, für die Regulierung der Gewässer zu sorgen. Er übergab dem jungen Mann eine Karte des Flusses, in der alles über die Regulierung von Gewässern enthalten war. Danach soll er im Ho verschwunden sein.

An dem Geschehnis fällt auf, daß der »große Mann« ein durchaus menschliches Antlitz besaß, anderseits jedoch einen »Fischleib« aufwies. Ein Widerspruch also – oder doch nicht? Wenn wir uns vergegenwärtigen, wie unsere Taucher heute ausgerüstet sind, mit enganliegenden Gummianzügen und mit Schwimmflossen, so erscheint uns aus der Unkenntnis desjenigen heraus, der diese Geschichte niederschrieb, ein darin enthaltener Widerspruch durchaus verständlich. Es sei in diesem Zusammenhang gestattet, auf ein Parallelgeschehen hinzuweisen, das sich zwar in einem anderen Kulturkreis, möglicherweise aber in demselben Zeitabschnitt ereignete. Ich meine die Legende von Oannes aus der sumerischen Mythologie. Der Bericht von diesem fremdartigen Wesen wurde durch den Archivar Alexander Polyhistor aus Milet – er lebte im ersten Jahrhundert vor der Zeitenwende – der Nachwelt übermittelt. Er hat frühere Schilderungen des Baalspriesters Berossos und des Griechen Apollodoros aus Athen übernommen. Wörtlich lesen wir in dieser Überlieferung:

»Der gesamte Körper des Tieres glich dem eines Fisches, unter dem Fischkopf besaß es einen anderen Kopf, und unten am Körper hatte es auch Füße, ähnlich denen eines Menschen. Sie waren unterhalb des Fischschwanzes angewachsen. Auch seine Stimme und seine Sprache waren klar und menschlich, und noch bis auf den heutigen Tag bewahrt man eine Darstellung von ihm auf. Sank die Sonne, so pflegte dieses Wesen ins Meer zu springen, und die ganze Nacht brachte es in der Tiefe zu, denn es war ein ›Amphibium‹.«

Wer immer diese Beschreibung ursprünglich geliefert hat, sie zeugt von außergewöhnlich guter Beobachtungsgabe. Und sie macht deutlich, daß es sich bei Oannes keineswegs um ein amphibisches Wesen – halb Mensch, halb Fisch – gehandelt haben kann. Daß sich unter dem Fischkopf, der wohl eine Art Tauchermaske gewesen ist, ein »anderer Kopf« befand, ist weiter nicht erstaunlich, wenn man an die Ausrüstung unserer Sporttaucher denkt. Noch klarer zeigt sich dies durch den Hinweis, das Wesen habe »unten am Körper«, deutlich sichtbar, »auch Füße« gehabt, »ähnlich denen eines Menschen«.

Oannes, der zuvor »in einer weißen Muschel« auf der Meeresoberfläche gelandet war, ehe er ins nasse Element hinuntertauchte, kam »von oben« – also aus dem Luftraum, wahrscheinlich sogar aus dem Weltall. Im übrigen bedeutet *Oannes* auf altsyrisch soviel wie »Fremdling«, und verschiedene Parallelerzählungen deuten darauf hin, daß sich derartige »Fischwesen« nicht nur im Persischen Golf getummelt haben, sondern auch im Roten Meer aufgetaucht sein dürften.

Oannes war keineswegs ein Einzelgänger, sondern laut Mythos nur das erste von zehn anderen Wesen, die aus dem Persischen Golf gestiegen sind. Der Baalspriester Berossos weiß auch von einem Fischwesen namens Odakon zu berichten. Es kam im Erythräischen Meer (das war der altgriechische Name für das Arabische Meer) an die Oberfläche. Berossos bezeichnete diese Fischwesen als »Annedotoi«. *Annedotos* bedeutet soviel wie »scheußlich«, »abstoßend«.

»Sollte man nicht eher annehmen, daß die Kulturbringer des Vorderen Orients als herrliche Göttergestalten verehrt wurden?« fragt zu Recht Ulrich Dopatka in seinem »Lexikon der Prä-Astronautik«. Er meint: »Statt dessen sollen sie ekelerregend gewesen sein – ein Indiz, das für die Echtheit der Berichte spricht. Würden wir uns heute nicht ähnlich verhalten beim Anblick eines außerirdischen Lebewesens?«

Auch aus dem ägyptischen Kulturkreis erfahren wir von einem amphibischen Wesen. Der byzantinische Gelehrte Photios – er lebte im neunten Jahrhundert – hinterließ ein Fragment des ägyptischen Philologen Helladios. Darin wird von einem Mann namens Oe berichtet. Er kam aus dem Persischen Golf, hatte einen fischähnlichen Körper und war ursprünglich in einem »Ei«, das ins Meer gefallen war und vorher »geleuchtet« haben soll, gelandet.

In diesem Beispiel wird noch klarer, was sich seinerzeit tatsächlich abgespielt haben dürfte: Wahrscheinlich die Landung Außerirdischer, die – weil hier vielleicht die Umweltbedingungen denen des heimatlichen Planeten entsprachen oder aus rein strategischen Gründen – Unterwasser-Stützpunkte errichtet hatten und von dort aus ihre Erkundigungen einholten.

Eine gewisse Parallele zu jener altchinesischen Überlieferung, in der von einem »großen Mann mit weißem Gesicht und einem Fischleib« die Rede ist, kann kaum geleugnet werden. Yü dürfte jedenfalls seine Aufgabe mit Erfolg zu Ende gebracht haben, denn nachdem er »die Regulierung der Flüsse durchgeführt hatte, gab ihm der ›Höchste‹ einen dunklen Stab aus Zinn, um damit das vollendete Werk anzuzeigen«.

Tausende Jahre nach diesem Vorfall ist es nicht einfach, die Dinge deuten zu wollen. Mit Sicherheit können wir jedoch annehmen, daß uns in diesen Überlieferungen keineswegs nur eine Symbolsprache entgegentritt. Im Gegenteil, hier wird Handfestes angeboten, also Geschehnisse, die sich damals tatsächlich ereigneten. In diesem Zusammenhang muß auch einiges aus der Zeit des Kaisers T'ang (»Der Erfolgreiche«) erwähnt werden.

Dieser Herrscher führte sieben Namen. Er leitete außerdem neun Strafexpeditionen. Legendär überliefert ist auch, daß T'ang, als er aus dem südlichen Grenzgebiet zurückkehrte, von Prinzen aus 1800 Ländern sowie von acht Übersetzern besucht worden sein soll. Eine Begebenheit, die sich so abgespielt haben könnte. Schließlich ist es auch heute bei internationalen Konferenzen und Kongressen üblich, Dolmetscher beizuziehen. T'ang dachte also schon zu seiner Zeit durchaus modern. Als besonderen Gast begrüßte er damals den »Chef der Wunderwaffen«. Wer immer dieser Ehrengast gewesen sein mag, offensichtlich war er ein Wissenschaftler von hohem Rang, denn die Bezeichnung »Wunderwaffen« – das steht außer Zweifel – bezieht sich auf eine Waffenart besonderer Prägung und Qualität.

Aus dieser Legende geht deutlich hervor, daß die geschilderte Zusammenkunft der Prinzen aus 1800 Ländern (womit wohl chinesische Provinzen gemeint sein dürften, die »Prinzen« also hohe Würdenträger verkörperten) einem besonderen Anliegen diente: T'ang wurde eindringlich beschworen, endlich die Kaiserwürde als »Sohn des Himmels« anzunehmen. Schon dreimal hatte er ein solches Ansinnen zurückgewiesen, nun aber stimmte er dem Vorschlag zu.

Mit großer Wahrscheinlichkeit kann angenommen werden, daß auch dieser Regent kein Sterblicher war. Auch er stand unter der Schirmherrschaft der »Himmelssöhne«, wie aus nachfolgender Überlieferung hervorgeht:

»In grauer Vorzeit begann die Welt mit der Dynastie Kaohsin (›Bittere Größe‹) durch eine Herrscherin, die Chien-ti (›Erinnerung an nordische Barbaren‹) hieß. Sie benutzte die Frühlings-Tagundnachtgleiche, um ihrem Gatten in die Wüste zu folgen, dort zu opfern und einen Sohn zu erbitten, als der Mystische Vogel heranflog. Als sie mit ihrer kleinen Schwester im Wasser am Mystischen Erdhügel badete, kam der Vogel, um sie zu betrachten. Er ließ ein wunderschönes buntes Ei fallen, dessen fünf Farben glänzten. Sie wetteiferten miteinander, es in ihre Körbe zu legen; Chien-ti war schneller. Sie schluckte das Ei und wurde schwanger. Schließlich gebar sie Wei (›Ursache‹). Als er groß war, wurde er bei Yao dem Erhabenen Unterrichtsminister, der mit ihm, seiner Verdienste wegen, um das Fürstentum Shang verhandelte. Nach 13 Generationen wurde der Nachkomme von Wei, Chu-kuei (›Herr des Sommers‹), geboren. Chu-kueis Ehefrau Fu-tou (›Hilfe aller‹) sah weißen Dampf durch den kostbaren Mond hindurchgehen und fühlte sich davon angerührt, so daß sie schwanger wurde. Am Tag Yih gebar sie T'ang, deshalb wurde er T'ien-i (›Himmelsbogen‹) genannt.«

Auch hier werden Geschlechtsakte beziehungsweise genetische Manipulationen, die zur Geburt jener Knaben führten, poetisch umschrieben. Das mag an der Hochachtung gelegen haben, die die Chronisten früherer Tage den irdischen »Göttersöhnen« entgegenbrachten.

Nicht überraschen kann uns folglich auch die legendär überlieferte Beschreibung vom Aussehen T'angs, das sich – natürlich – beträchtlich von jenem seiner Untertanen unterschied: »Sein Gesicht war unten breit und verjüngte sich nach oben. Sein Körper war einseitig (?) und von heller Farbe; er schrie mit sehr lauter Stimme. Er war neun Fuß lang, und seine Arme hatten vier Gelenke.«

T'ang war also ein Riese, und auch sonst anatomisch von uns Irdischen sehr verschieden. Daß er, schon aufgrund seiner monströsen Gestalt, auch eine außergewöhnlich laute Stimme besaß, leuchtet ein. Wichtig erscheint mir auch der Hinweis auf seine auffallend helle Hautfarbe.

Vergegenwärtigen wir uns noch einmal jene Episode aus dem Leben Yüs, der am Fluß Ho mit einem »Fischwesen«, nämlich jenem »großen Mann mit weißem Gesicht«, konfrontiert wurde. Wenn wir davon ausgehen, daß dieses »Amphibium« (laut Duden-Ausgabe 1961 ein »Flugzeug, das zu Wasser und zu Lande starten und landen kann«), dem Yü begegnete, ein außerirdischer »Himmelssohn« gewesen ist, der in einer Taucherausrüstung steckte, dessen Kopf jedoch verhüllt war, dann wird deutlich, daß diese Astronauten offenbar von heller Hautfarbe gewesen sein müssen. Folglich auch jene, die von ihnen abstammten.

Ein kleiner Hinweis gibt andeutungsweise Aufschluß darüber, *wo* sich der Zeugungsakt – also das genetische Experiment, das die Außerirdischen an T'angs Mutter Fu-tou vornahmen – mit großer Wahrscheinlichkeit abgespielt haben dürfte: in einem Fluggerät der Außerirdischen, wahrscheinlich in einem UFO.

Das läßt sich aus der recht merkwürdig anmutenden Bezeichnung »kostbarer Mond« herauslesen, durch den »weißer Dampf« hindurchgegangen sein soll. Es könnte sein, daß diese Verherrlichung des Mondes aus der Erzählung Fu-tous, die sie später zum besten gab, deshalb vorgenommen worden ist, weil sie den Erdtrabanten auf sich zukommen gesehen hatte.

Natürlich war das nicht der Mond, sondern ein scheibenförmiger Körper, der hell strahlte und der schließlich auf der Erde landete. Der

»weiße Dampf«, den Fu-tou gesehen haben will, wurde durch die zum Stillstand gebrachten Düsenaggregate oder durch andere Antriebsvorgänge hervorgerufen.

T'ang war also auch ein Auserwählter. Er soll von seinen außerirdischen »Vätern« sogar ins Weltall mitgenommen worden sein, um auf die Aufgaben als Herrscher vorbereitet zu werden.

Die Legende berichtet in diesem Zusammenhang von einem »Traum«, in dem T'ang mit einem Schiff zum Himmel aufgestiegen sei. Seine »Reise« führte ihn vorbei an Sonne und Mond, schließlich gelangte er zum himmlischen »Tempel des Herrschers Yao« (wahrscheinlich die Raumstation seiner Schutzherren), wo er zum ersten Mal Kontakt mit den Gelben Göttern gehabt haben soll.

Später gab es Widerstände gegen seine vorgesehene Inthronisation, wobei sich ein Tyrann namens Chieh unrühmlich hervortat. T'ang wurde jedenfalls »von oben« beauftragt, den unliebsamen Rivalen zu vernichten. Abermals »träumte« er, mit einem Schiff in die Lüfte aufzusteigen, und diesmal flog er so hoch wie nie zuvor. Er habe sogar »den Himmel überflogen«, läßt uns die mythische Überlieferung wissen: »Nachdem er aus dem Himmel, von einem unbekannten fernen Ort, mit dem Schiff herabkam, wurde er Herr des Reiches.«

Während T'angs Regierungszeit scheint es im Reich der Mitte auch einen spektakulären Meteoraufprall gegeben zu haben. Es wird von einem »schwarzen Vogel« berichtet, der sich am Fluß Lo auf einen Erdhügel niedergelassen habe, worauf er sich in einen schwarzen Edelstein verwandelt haben soll. Mehr ist über den Vorfall nicht bekannt, hingegen ist überliefert, daß T'ang insgesamt 29 Jahre über sein Reich herrschte. Dann wurde er »von oberster Stelle« abberufen und »stieg auf«.

Also auch dieser Kaiser ist scheinbar von seinen außerirdischen Gönnern ins Weltall mitgenommen und an einen anderen Bestimmungsort versetzt worden.

In den frühgeschichtlichen Aufzeichnungen Chinas finden sich immer wieder Berichte über Flüge ins Weltall. So beschrieb der große chinesische Dichter und Denker Chuang Tzu in der Ichform einen Flug auf dem Rücken eines riesigen Vogels, der ihn 52300 Kilometer weit in den Kosmos hinausgetragen haben soll. Mag schon sein, daß Pegasus, das geflügelte Dichterroß, den altchinesischen Literaten auf den Flügeln der Poesie entführt hatte. Aber so ganz kann auch die

Möglichkeit nicht ausgeklammert werden, daß Chuang Tzus Erzählung »Reise in die Unendlichkeit« einem längst verschollenen legendären Bericht nachempfunden wurde, der auf einer Realität beruhte. Schon Maxim Gorki, der große russische Schriftsteller, kam zu dem Schluß: »Überhaupt gibt es nichts Märchenhaftes auf der Welt. Alles, was wundersam zu sein scheint, hat in Wirklichkeit eine ganz bestimmte reale Grundlage. Es gibt nichts, was der Mensch erfunden hätte und was in der Wirklichkeit nicht begründet wäre.«

Und lange vor Gorki wußte das auch der chinesische Gelehrte Yuan Ke, denn er schrieb: »Viele sind der Ansicht, daß Mythen eine Ausgeburt der Phantasie sind und mit der Wirklichkeit nichts gemein haben. Das ist ein schwerer Irrtum.«

Der deutsche Altertumsforscher Heinrich Schliemann, der Homers Troja entdeckte, hat diese Auffassung längst bestätigt. Warum also sollte Chuang Tzu nicht in dichterischer Form einen Bericht wiedergeben, der beispielsweise die Raumreise in einem prähistorischen Space Shuttle beschrieb?

Arthur Waley widmet einen Abschnitt seines Buchs »Lebensweisheit im alten China« Chuang Tzu. In diesem Werk ist auch das Märchen »König Mu und der Zauberer« aufgezeichnet. Auch Märchen enthalten tatsächliche Geschehnisse, die allerdings nur sehr schwer aus dem Erzählten herausgefiltert werden können.

Doch das vielzitierte Körnchen Wahrheit sollten wir auch hier nicht übersehen. In dieser phantasievollen Erzählung wird von einem Zauberer – »aus dem Land weit im Westen« – berichtet, dessen Fähigkeiten sich bis zum Hof des Königs Mu von Chou herumsprachen. Der Wundermann konnte durch Wasser und Feuer schreiten, auch Metall und Steine waren für ihn kein Hindernis. Er war imstande, Berge zu stürzen und Flüsse rückwärts fließen zu lassen, bewegte selbst Befestigungen und Städte von ihren Standplätzen, ritt in der Luft und war außerdem fast unverwundbar. »Es gab in der Tat keine Grenze für die Wunder, die er vollbrachte«, heißt es in der Überlieferung.

Dazu gehörte auch die Fähigkeit, die äußere Form der materiellen Dinge zu verändern sowie die Gedanken der Menschen zu beeinflussen. Der König war von dem Zauberer dermaßen fasziniert, daß er alles unternahm, um diesen zufriedenzustellen. Doch der fühlte sich im irdischen Bereich nicht wohl, bemängelte die menschlichen Errungenschaften und war nur mit Mühe zu überreden, die ihm vom König zur Verfügung gestellte Wohnstätte zu beziehen.

Nach einiger Zeit, in der er häufig abwesend war, lud der Zauberer eines Tages den König ein, ihn auf einer Reise zu begleiten. Der König sagte zu. Darauf schwebte der Zauberer mit ihm in die Höhe. So wurden sie aufwärts getragen, »immer höher, bis sie den Himmel erreichten.

Hier hielten sie genau vor dem Haus des Zauberers an. Es war mit Gräben voll Gold- und Silberstaub umgeben, mit Ketten aus Jade und Perlen umschlungen und ragte weit über die Regionen des Regens und der Wolken hinaus. Worauf es errichtet war, ließ sich schwer bestimmen, doch schien es von einem Wolkengebilde getragen zu werden«, wird berichtet.

Obgleich – wie stets bei Märchen – durch Einschübe verzerrt und entstellt, wirkt der Inhalt der Erzählung dennoch nicht unrealistisch. Auf welche Weise der König schließlich das Haus des Zauberers erreichte, ist nicht detailliert überliefert. Schemenhaft ist aber der »technologische« Hintergrund erkennbar. Man beachte: Das Haus des Wundermannes ist mit »Gräben voll Gold- und Silberstaub umgeben« sowie mit »Ketten aus Jade und Perlen umschlungen«.

Ob dahinter nicht die blitzende, im Sonnenlicht funkelnde Außenhülle einer Weltraumstation vermutet werden kann?

»Doch schien es von einem Wolkengebilde getragen zu werden«, lesen wir weiter. Was es mit mythologisch überlieferten »Wolken« in Wahrheit auf sich hatte, ist uns inzwischen längst geläufig: Der König befand sich wahrscheinlich in einer Beobachtungsstation der »Himmelssöhne«. Einzelheiten darüber haben in diesem Märchen keine Aufnahme gefunden; die vom Urtext an dazwischenliegenden Jahrtausende haben möglicherweise manchen aussagekräftigen Hinweis weggewaschen, doch sind uns in der überlieferten Fabel immerhin einige nicht ganz uninteressante Beobachtungen des Königs erhalten geblieben:

> »*In diesem Haus glich nichts von dem, was Augen und Ohren sahen und hörten, was Nase und Mund rochen oder schmeckten, in irgend etwas dem, was der König von der Menschenwelt her gewohnt war. Er glaubte, sich in einem der Paläste Gottes zu befinden. Als er auf die Welt herniedersah, erblickte er etwas wie*

einen mit Gestrüpp umgebenen Erdhügel, und plötzlich merkte er, daß dies sein eigener Palast mit den Gartenanlagen war. Schließlich lud ihn der Zauberer abermals zu einer Reise ein, und wieder glitten sie dahin, bis sie einen Ort erreichten, wo man weder Sonne noch Mond erblickte, wenn man aufwärts sah, weder Strom noch See, wenn man abwärts schaute. Hier flammte und blitzte ein so überhelles Licht, daß die Augen des Königs geblendet wurden und er nichts mehr erkennen konnte; und ein so überlauter Lärm hallte und tönte im Echo wider, daß seine Ohren ertaubten und er nichts mehr vernehmen konnte. Seine Glieder wurden schwach, seine Eingeweide waren wie ausgelöst, seine Gedanken verwirrten sich, sein Wille erlosch. ›Nur fort von hier‹, rief er dem Zauberer zu, der ihm einen Stoß versetzte, und alsbald fielen sie durch den Weltraum...«

Wo immer sich der König befunden haben mag, die dort empfundenen Eindrücke drohten ihn zu überwältigen. Man muß sich in die Gedankenwelt eines Menschen versetzen, der zum ersten Mal in eine ihm fremde, sein Vorstellungsvermögen übersteigende Umgebung gestellt wird. Nichts von dem, was er sieht, ist ihm geläufig. Er hat keine vergleichbaren Wörter dafür. Es ist wie ein Stammeln, ein Suchen nach Begriffen, um das Gesehene zu verarbeiten und zu beschreiben. Alles Neue ist für den König fremdartig. Nur Bekanntes nimmt er wahr: seinen Palast und seine Gartenanlagen, die man ihn – wahrscheinlich durch ein entsprechend leistungsstarkes Teleskop – bestaunen läßt.

Wegen der riesigen Distanzen, die zwischen ihm und seinem Wohnsitz liegen, erkennt er Palast und Gärten nur en miniature. Noch muß der König die für ihn rätselhaft veränderten Perspektiven erst begreifen lernen, sie auch gedanklich verarbeiten. Was er sieht, ist ihm nicht alles fremd, vieles aber geht über seinen Verstand und macht ihn unsicher.

Treffender kann der Zustand eines Menschen, der sich plötzlich in eine völlig fremde Welt gestellt sieht, kaum beschrieben werden. Der »Zauberer« – in Wahrheit ein außerirdischer »Sohn des Himmels« – hat aber glücklicherweise volles Verständnis für die Nöte seines Schützlings. Er bringt den König wieder auf die Erde, zurück in den heimatlichen Palast. Wer diese Erzählung liest, erkennt: Dieses Märchen fußt auf einem tatsächlichen Ereignis. Es hat sich, trotz textlicher Manipulationen, die wohl auf das spätere Unverständnis der Chronisten zurückgeführt werden müssen, im wesentlichen »rein« erhalten. Das ist mehr, als Mythenforscher im allgemeinen erwarten dürfen.

Von dieser Erzählung gibt es mehrere sumerische und babylonische Überlieferungen mit fast parallelem Handlungsverlauf. So reist beispielsweise König Etana auf den Schwingen eines »Adlers mit eisernen Krallen« zum Himmel, um von dort »das Kraut des Gebärens« zu pflücken. Aufgefordert, zu beschreiben, was er sehe, wundert sich Etana maßlos, denn »das Land da sieht aus wie ein Berg, das Meer ist geworden wie ein Wasserlauf«.

Als Etana mit dem Adler noch höher emporstieg, meinte der königliche Fluggast erstaunt: »Die Erde sieht aus wie eine Baumwollpflanze.« Und schließlich bekommt er es mit der Angst zu tun, als er erkennt: »Ich blicke hin, wie die Erde verschwunden (!) ist, und am weiten Meere sättigen sich meine Augen nicht!«

Seine Reaktion glich jener von König Mu (»Nur fort von hier«), und er beschwört den Adler inständig: »Mein Freund, ich will nicht zum Himmel aufsteigen, mach halt, daß ich zur Erde zurückkehre.«

Ein ähnliches Erlebnis hatte auch der Prophet Ezechiel (Hesekiel), dem am Fluß Chebar – nahe der Siedlung Tel-Abib in Palästina – die »Herrlichkeit des Herrn« erstmals im Jahr 593 v. u. Z. erschien. Natürlich war es keineswegs der »liebe Gott«, der damals in Erscheinung trat, vielmehr setzte vor den Augen des Priestersohnes, der sich in babylonischer Gefangenschaft befand, ein kreiselförmiges Fluggerät, wie es der ehemalige NASA-Ingenieur Joseph F. Blumrich nach einer genauen Analyse der Bibeltexte rekonstruiert hat, mit spektakulären Begleitgeräuschen zur Landung an.

Ezechiel wurde danach mehrere Male von den Fremden, die der Prophet stets als »Männer« oder »Menschen« bezeichnete, in ihrem Fluggerät mitgenommen. Seine Reisen beschrieb er, nachdem die ersten Ängste überwunden waren, aus seinen Vorstellungen heraus, verblüffend realistisch: »Dann hob mich ein Geisthauch zwischen Himmel und Erde empor und führte mich nach Jerusalem in gottgewirkten Schauungen...«

Diese »gottgewirkten Schauungen« lassen sich nüchtern deuten: »Gottgewirkt« war für ihn alles, was er aus großer Höhe (dort oben vermutete er ja das Reich seines Gottes) beobachten konnte. Wobei der Priestersohn bald erkannte, daß ihn kein Gott selbst, sondern sehr reale und menschenähnliche Wesen aufgesucht hatten. Da er verschiedene Einzelheiten zwar erkennen, nicht aber ihre Bedeutung begreifen konnte, verglich Ezechiel das Gesehene – so auch die Landefähre der Außerirdischen – mit der »Herrlichkeit des Herrn«.

VII. Flugmaschinen im alten China

Dädalus und Ikarus – Ein fliegendes Pferd aus Holz –
Chinas uralte Vokabel »Fei-chi« – Das erfindungsreiche
Volk der Chi-Kung – Weil nicht sein kann, was nicht
sein darf – Eine brennend heiße Flüssigkeit

Fliegen – das war seit jeher die Sehnsucht der Menschen, und mannigfach sind die Märchen und Sagen, die diesen Traum erfüllen. Unsere Geschichtsforscher sind jedoch davon überzeugt, daß lediglich der Wunsch, die Kunst des Fliegens zu beherrschen, Vater des Gedankens gewesen sei und daß alle diese Legenden, die uns rund um den Globus und bei fast allen Völkern der Erde begegnen, keinerlei Wahrheitsgehalt für sich in Anspruch nehmen dürfen. So sah es auch der deutsche Altertumsforscher Richard Hennig. Dies allerdings im Jahr 1928, als der Flugverkehr noch in den Kinderschuhen steckte. In der Abhandlung »Zur Vorgeschichte der Luftfahrt« im »Jahrbuch des Vereines deutscher Ingenieure« meint Hennig unter anderem:
»Daß in den Religionen und Märchen aller Zeiten und Völker die Götter, Engel, Zauberer, Hexen usw. fliegen können, ist eine Sache für sich. Bei solchen übernatürlichen Wesen kommt es nicht darauf an, daß technische Mittel angegeben werden, die ihnen das Fliegen gestatten; sie können eben alles, was dem Menschen unmöglich ist, und wenn's hoch kommt, muß die Angabe genügen, daß jene überirdischen Wesen Flügel besessen hätten oder zauberische Schuhe mit Flügeln, wie der griechische Götterbote Hermes. In solchen Fällen prüft der Hörer der Erzählung nicht kritisch die technische Möglichkeit der beschriebenen Flugmethode. Anders aber liegen die Dinge, wenn die Dichtung menschlichen Wesen die Fähigkeit zuschreibt, durch die Lüfte davonzuschweben. In solchen Fällen muß auch eine Angabe gemacht werden, wie das geschilderte Wunder technisch

möglich gewesen sein soll. Deshalb sind gerade die Sagen von fliegenden Menschen sowohl für den Techniker wie für den Psychologen ganz besonders reizvoll, weil sie jedesmal erkennen lassen, wie primitive Gemüter sich technisch die Lösung des fliegenden Menschen vorstellten. Heute, wo uns die Lösung dieses Problems bekannt ist, hat es einen doppelten Reiz, rückschauend das Labyrinth der irrigen Lösungen zu betrachten.«

Doch unsere Vorfahren haben nicht nur primitive Geräte und »irrige Lösungen« anzubieten, was vielleicht angenommen werden kann, wenn man an den sagenumrankten Flugversuch der beiden Griechen Dädalus und Ikarus denkt: Ihre mit Wachs am Körper befestigten Schwingen hielten der Sonnenbestrahlung nicht stand, so daß Ikarus abstürzte. Die Beschreibung weit weniger naiver und durchaus bemerkenswerter Flugmaschinen wurde uns ebenfalls überliefert: Etwa jene in einem orientalischen Märchen aus »Tausendundeiner Nacht« – und in der fast wesensgleichen Erzählung »Das hölzerne Pferd«, eine phantasievolle Geschichte aus Chinas unerschöpflichem Märchenschatz. Darin wird von einem Prinzen berichtet, der, um zu seiner angebeteten Prinzessin zu gelangen, ein künstliches Pferd aus Holz benützte, mit dem er sich in die Lüfte schwingen konnte. Es wäre denkbar einfach gewesen, sich in dieser Geschichte darauf zu beschränken, daß es sich dabei um ein »Wunderpferd« gehandelt habe, das eben auch fliegen konnte.

In diesem Märchen erfahren wir jedoch, daß der verliebte Prinz zur Bedienung seines Fluggeräts bestimmte technische Spielregeln beachten mußte. Der Konstrukteur, ein Tischler, erklärt ihm, auf welche Weise dieses Wunderwerk funktioniert: »Majestät, mein Pferd ist ein Wunderpferd... Um es kurz zu sagen, dieses Pferd übertrifft die edelsten Rennpferde der Welt, denn es kann fliegen. 26 Schrauben sind daran angebracht: Dreht man an der ersten Schraube, so hebt sich das Pferd vom Boden in die Luft, dreht man an der zweiten, so beginnt es schneller zu fliegen, so schnell wie eine Schwalbe etwa; dreht man schließlich alle 26 Schrauben auf, jagt es durch das Wolkenmeer dahin wie ein Pfeil, schneller als die Segler der Lüfte und schneller als der Adler. Mit diesem Pferd, Majestät, kann man die Welt sicher und mühelos bereisen.«

Hier nun von »irrigen Lösungen« zu sprechen, wie dies Hennig in seiner Abhandlung tut, ist tatsächlich irrig. In dieser Erzählung (wie

auch in jener aus »Tausendundeiner Nacht« und in ähnlichen Geschichten) schimmert vielmehr die Ahnung um ein technisches Wissen durch, das unsere Vorfahren – wann immer dies gewesen sein mag – offensichtlich hatten. Es ist deshalb kaum überraschend, daß uns auch hierin vor allem die Chinesen der Vorzeit Anschauungsunterricht geben können, was auch Hennig bestätigen muß: »Eine Art von Übergang von rein sagenhaften zu geschichtlichen Flugunternehmungen stellen gewisse alte chinesische Überlieferungen dar, über die der englische Sinologe Herbert A. Giles in Cambridge im Jahr 1910 interessante Mitteilungen machte«, leitet der deutsche Gelehrte sein Kapitel »Altchinesische Flug-Überlieferungen« ein, um dann etwas ratlos, wie es scheint, fortzusetzen: »Bei solchen alten chinesischen Meldungen ist es noch schwerer als bei abendländischen, die Grenze zwischen Dichtung und Wahrheit zu ziehen.« Was darin berichtet würde, meint er, müsse mit »wohlwollender Skepsis« betrachtet werden, sei aber auf jeden Fall als frühzeitige gedankliche Beschäftigung mit dem Flugproblem »psychologisch reizvoll«. Hennig gibt getreu wieder, was den Sinologen Giles zu seiner Studie über die vorgeschichtlichen Flugkünste der Chinesen angeregt hatte. Bei dem Festessen der »China Society« am 27. Mai 1909 war es zu einem angeregten Gedankenaustausch zwischen dem Briten und dem chinesischen Gesandten Lord Li gekommen, und dabei hatte der fernöstliche Diplomat einen interessanten, für Giles jedoch völlig überraschenden Vergleich gezogen, als er meinte: »Welches gefällige Bild führte uns der Professor aus Cambridge durch einen Taxameterwagen vor, der vor zwei Jahrtausenden in der Hauptstadt des Chëu-Königsreichs mietfrei fuhr. Alles heutige Neue scheint sein Gegenstück im alten China gehabt zu haben. Wer weiß, ob nicht, bevor wir uns im nächsten Jahr wieder in diesem Raum treffen, ein konkurrierender Professor entdeckt haben wird, daß bei demselben scharfsinnigen Chëu-Volk das Flugzeug häufig benutzt wurde.«
Was zunächst scherzhaft klang, erhielt dank eingehender Nachforschungen von Herbert A. Giles seine Bestätigung. Fliegen, das war im alten China nicht nur ein Wunschtraum, sondern basierte scheinbar auf Erfahrungswerten, die uns von zahlreichen Chronisten zugänglich gemacht wurden.
Bezeichnenderweise besitzt dieses fernöstliche Kulturvolk von alters her die Vokabel »Fei-chi«. *Fei* bedeutet »fliegen«, *chi* wird mit

»Maschine«, »Kraft« oder auch »Energie« übersetzt. Als Zusammensetzung kann dieser Begriff zweifelsfrei als Bezeichnung für ein mechanisch gesteuertes Fluggerät angesehen werden.

Professor Giles entdeckte im Buch »Po wy chih«, das im dritten Jahrhundert verfaßt worden ist, Berichte über das kunstfertige Volk der Chi-Kung. Es besaß der Überlieferung nach mehrere solche »Feichis«, also fliegende Wagen. Es gibt sogar Zeichnungen von diesen Flugmaschinen, das heißt, Tuschmalereien, die im frühen Mittelalter angefertigt wurden und die auf ältere Quellen zurückgehen.

Dem unbefangenen Beobachter von heute stechen beim Anblick dieser Kunstwerke frappierende Details ins Auge. Schon die Form der Wagenräder scheint ungewöhnlich. Ihre Felgen erinnern uns an herkömmliche Propeller. Und zwischen den Rädern bemerken wir Vorrichtungen, die man durchaus als Getriebe interpretieren kann.

Berichte über den rätselhaften Flugwagen der Chi-Kung reichen jedenfalls in Epochen zurück, von denen uns heute fast 3800 Jahre trennen. Eine Legende über die Erbauer der fliegenden Apparate erzählt:

> »Die Chi-Kung sind ein kunstreiches Volk. Sie kennen viele Dinge, die anderen Völkern verborgen bleiben. Auf großen Wagen reisen sie mit Windeseile durch die Lüfte. Als der Kaiser T'ang die Welt regierte, trug ein westlicher Wind die fliegenden Wagen bis nach Yüchow (heute Hunan), wo sie landeten. T'ang ließ die Wagen auseinandernehmen und verbergen. Zu leicht glaubte das Volk an übernatürliche Dinge, der Kaiser aber wollte seine Untertanen nicht in Unruhe versetzen. Die Besucher blieben hier zehn Jahre, dann bauten sie ihre Wagen wieder zusammen, luden die Ehrengeschenke des Kaisers ein und flogen auf einem starken östlichen Wind davon. Sie erreichten wohlbehalten das Land der Chi-Kung, 40000 Li jenseits des Jadetores. Mehr ist über sie nicht bekannt.«

Wir müssen uns also auf den spärlichen Rest beschränken, der in historischen und dichterischen Quellen überliefert worden ist. So erfahren wir in einem von dem Dichter Kuo P'o (270–324) verfaßten Gedicht: »Bewundernswert sind die geschickten Arbeiten des Chi-Kung-Volkes. In Verbindung mit dem Winde strengte es sein Hirn an und erfand einen fliegenden Wagen, Fei-lun, der, steigend und sinkend, je nach seinem Wege, es zum Kaiser T'ang brachte.«

Aber auch in T'ao Hung Chings Werk »Chên kao«, in Jen Fangs Buch »Schu itschi« sowie in einer Schrift des Kaisers Yüan-Ti – sie entstanden alle um das fünfte Jahrhundert nach der Zeitenwende – werden »fliegende Wagen« beziehungsweise »fliegende Räder« als Transportmittel genannt. Und auch im elften Jahrhundert war die Erinnerung an altchinesische Fluggeräte scheinbar noch nicht verblaßt, schrieb doch Su Tungp'o den bemerkenswerten Satz: »Ich wollte, ich könnte besteigen einen fliegenden Wagen...«

Das im 14. Jahrhundert veröffentlichte Werk »I yü kuo chih« enthält jene bereits erwähnten mit Tusche hergestellten Abbildungen, die auch Professor Giles in seinem Buch wiedergab.

A. Schück veröffentlichte 1917 in der in Hamburg erschienenen »Astronomischen Zeitschrift« eine Übersetzung von Giles' Forschungen und wies in diesem Zusammenhang auf Auszüge hin, die aus dem Werk »Shang hai king« stammen und bereits am 8. November 1839 in der Zeitschrift »Journal Asiatique« veröffentlicht wurden. Darin wird von einem Königreich Kikeng-kué berichtet, das wahrscheinlich mit jenem der geheimnisvollen Chi-Kung identisch war. Der Titel des Beitrags lautete: »Sie verstehen es, fliegende Menschen herzustellen.«

Und schließlich findet sich in dem 1341 veröffentlichten Werk »Ku yü t'u«, und zwar im 47. Kapitel, fast genau die gleiche Story, wie sie schon vorher vom Chi-Kung-Volk erzählt wurde. Die Legende ist hier allerdings in einem anderen Zeitalter angesiedelt.

»Vor alter Zeit«, heißt es da, »unter Kaiser Cheng von der Chou-Dynastie (1122–249 v.u.Z.) schickte das Land der Einarmigen Gesandte mit Tributgeschenken. Sie saßen auf einem Wagen aus Federn, der vom Wind getrieben wurde. So kamen sie herangeflogen zum Hofe der Chou. Der Herzog von Chou fürchtete, daß das seltsame Kunstwerk die Bevölkerung aufregen könne, und ließ daher den Wagen zerstören. Da die Gesandten infolgedessen nicht mehr in ihre Heimat zurückkehren konnten, ließ der Herzog von Chou einen nach Süd zeigenden Wagen herstellen.«

Bei diesem zuletzt erwähnten Gefährt handelt es sich wahrscheinlich um jenen Südanzeiger-Wagen, von dem bereits in chinesischen Schriften aus dem Jahr 121 n.u.Z. die Rede ist. Hier wurde uraltes Wissensgut, einschließlich jenem, das dem erfindungsreichen Volk der Chi-Kung zugeschrieben werden muß, in spätere Zeiten transferiert, was zu gewissen Mißverständnissen führte.

Auch bei dem Altertumsforscher Hennig, der zwar einräumt, daß »alle diese zahlreichen, in der Sache übereinstimmenden Berichte schwerlich... als reine Fabel bewertet werden können und irgendein historischer Kern ihnen zugrunde liegen dürfte«, doch sei dieser aller Voraussicht nach »ziemlich banal«.

Für Hennig haben »die ganzen geheimnisvollen Geschichten mit Luftflug und ›Fliegenkönnen‹ nicht das mindeste zu tun«. Von seinem Verständnis und seiner Zeit ausgehend, ist die ablehnende Haltung des Gelehrten begreiflich. Hennig zitiert da lieber den Historiker A. Schück, der meint: »Es ist mir erinnerlich, gelesen zu haben, daß in einer Gegend Chinas die Fuhrwerke auf den Landstraßen Mast und Segel mit sich führen, die ihre Insassen aufstellen und beisetzen, sobald die Windrichtung für sie günstig ist, was ihre Fahrt beschleunigt... Solches mit zwei Segeln (eines auf jeder Seite) ausgestattete Gefährt mag wohl wie ein geflügelter Wagen aussehen, woraus der berichtende Schreiber einen ›fliegenden Wagen‹ machte. Der ›gefiederte Wagen‹ ist mir auch erklärlich...«

Das kann man Schück wie auch Hennig nicht verdenken, denn diese Version eines tatsächlich fliegenden Wagens konnten beide Forscher nicht begreifen. Schücks Übersetzung der Giles-Texte stammt immerhin aus dem Jahr 1917, Hennig schrieb seine Abhandlung nur elf Jahre später.

Und so hat, folgt man Schücks Ausführungen, der »fliegende Wagen« der Chi-Kung funktioniert: »Eine den leichtesten Luftzug angebende Windfahne stellt man her, indem man kleine Scheiben von sehr leichtem Holz (Kork, Baummark) am Rande mit leichten Federn bespickt, mehrere auf einen dünnen Faden zieht und dessen eines Ende an einem Stock befestigt. Hat ein Chinese mehrere solcher Feder-Windfahnen statt kleiner Fähnchen an seinem Wagen aufgesteckt, so war dieser ›gefiedert‹, und es ist wohl möglich, daß solches geflügelte und gefiederte Fuhrwerk an einem Ort, an dem man dergleichen nicht kannte, die Einwohnerschaft in Aufregung versetzte. Um Schlimmeres zu verhüten, zerbrach es die Obrigkeit und gab als Ersatz ein landesübliches Gefährt.«

So einfach lassen sich deutlich geschilderte Vorgänge wegwischen.

»In ebenso einfacher wie geistvoller und restlos einleuchtender Weise ist hier eine unbegreiflich wundersame Fabel auf eine kulturhistorisch durchaus wahrscheinliche und ›natürliche‹ Tatsache zurückgeführt worden...«, lobt Hennig seinen Kollegen A. Schück und bezieht sich anschließend auf jene »Segelwagen«, wie sie in Holland im 16. Jahrhundert in Verwendung waren. Der Prinz Moritz von Oranien besaß einen sogenannten »Windwagen«, mit dem man – bei einer Höchstgeschwindigkeit von 34 Kilometern in der Stunde – 28 Passagiere transportieren konnte.

Daß hier gar keine Ähnlichkeiten mit den chinesischen Wagen festgestellt werden können, wurde sowohl von Hennig als auch von dem Giles-Übersetzer Schück negiert. Weil für viele Wissenschaftler nicht sein kann, was nicht sein darf, ist es verständlich, wenn Hennig nur solche Beispiele heranzieht, die seine Theorie bestätigen. Er zitiert die Verse des Dichters Kuo P'o, in denen die Rede von einem fliegenden Wagen ist, der – »steigend und sinkend, *je nach seinem Wege*« – die Besucher zum Kaiser T'ang gebracht habe.

Der Wissenschaftler leitet davon ab, daß sich das Gefährt in Berg- und Talfahrten ausschließlich auf dem Erdboden bewegte, was zweifellos einem selbstgefälligen Trugschluß gleichkommt.

»Je nach seinem Wege«, das deutet nicht im entferntesten darauf hin, daß sich das Gefährt nur auf der Erde fortbewegt haben muß, denn bekanntlich gibt es auch einen Luftweg. Hennig ignorierte bewußt den deutlich gegebenen Hinweis aus der Chi-Kung-Legende, wonach sich die Piloten dieser Fluggeräte – ehe sie ihre Vehikel in Tätigkeit setzten – vorher stets einer »brennend heißen Flüssigkeit« bedienten, die sie, wie es heißt, »hineintaten«, was auch immer darunter zu verstehen war.

Dann erst »flog« das Ding und war imstande, gewaltige Entfernungen bis zu 40 000 Li zurückzulegen.

Margarete Schneider beherrscht Chinesisch in Wort und Schrift. Sie übersetzte mir eine interessante Textstelle, die einer Tuschmalerei beigefügt ist und in der es heißt:

»Das Land der Chi-Kung – früher machten die Menschen einen fliegenden Wagen, mit dem sie, dauernd vom Wind getrieben, leicht und weit reisen konnten, indem sie vorher eine brennend heiße Flüssigkeit hineingetan hatten. Sie benutzten den Westwind bis Yüchow. Hier zeigten sie dem Volk den Wagen. Nachdem sie wieder eine brennend heiße Flüssigkeit hineingetan hatten, bestiegen die Boten dieses Gefährt und verließen das Land mit 10 Li Ostwind am Tor des Westens, um viele Meilen zu fahren.«

Vielleicht wird es einige geben, die an dem Wort »fahren« etwas auszusetzen haben. Diese Zweifler sollten aber daran denken, daß wir heute noch von Luft*fahr*zeugen sprechen, obwohl in diesem Zusammenhang stets vom *Fliegen* die Rede ist.

Wenn die Tuschmalerei keine Fälschung ist (und nichts deutet darauf hin), dann entspricht der Text in jeder Hinsicht dem Inhalt der erwähnten Chi-Kung-Legende.

Welche Antriebsmittel den prähistorischen Flugexperten zur Verfügung standen, läßt sich anhand der eher vagen Hinweise nicht einmal vermuten. Zu spärlich ist die Andeutung auf jene »brennend heiße Flüssigkeit«.

Was die Authentizität der »Fei-chi«-Darstellungen betrifft, ist Vorsicht geboten. Die überlieferten Tuschmalereien weichen mit ziemlicher Gewißheit von den ursprünglichen Vorbildern ab, wie ja auch ein Laie der Jetztzeit kaum imstande wäre, eine komplizierte Maschinerie allein aus optischer Sicht korrekt nachzuzeichnen.

Letzten Endes sind es die Äußerlichkeiten, die über Generationen hinweg in Erinnerung bleiben. Wie das beispielsweise nach dem Ersten Weltkrieg auch in Neuguinea nachgewiesen werden konnte. Dort waren 1914 amerikanische Piloten gelandet, hatten die zunächst mißtrauischen Einheimischen nach und nach mit Geschenken begeistert, um schließlich diesen Stützpunkt zu verlassen.

Viele Jahre später, als wieder Weiße die dunkelhäutige Bevölkerung Neuguineas besuchten, stellten sie überrascht fest, daß hier ein neuer Kult entstanden war: Die Einheimischen beteten nämlich zu einer bisher unbekannten Gottheit und erhofften sich auf diese Weise himmlische Hilfe. Dieser Götze aber glich zum Erstaunen der Touristen einer primitiven Flugzeug-Nachbildung, die aus Stroh und Holz angefertigt worden war.

Des Rätsels Lösung: Die Stammespriester hatten gut beobachtet und sehr bald erkannt, daß Landungen amerikanischer Maschinen jeweils mit Geschenken für die hier lebenden Menschen verbunden waren. Also erhofften sie sich durch die Flugzeugimitation, der sie ihre Ehrerbietung mit Hilfe religiöser Zeremonien zu bestimmten Zeiten eindrucksvoll demonstrierten, ein neuerliches Erscheinen der weißen »Götter«.

Die Priester dieser Insel wußten nichts über Amerika und besaßen nicht die geringsten Kenntnisse über die Funktion der amerikanischen

»Donnervögel«. Sie hatten sich jedoch das Aussehen der Flugzeuge eingeprägt und es auch ihren Nachfolgern übermittelt. Auf diese Weise entstanden die primitiven Nachbildungen.

Könnte es nicht sein, daß den chinesischen Künstlern seinerzeit die feurigen Drachen der Gelben Götter für ihre späteren Tuschmalereien als Modell gedient haben? Wäre das so ausgeschlossen?

VIII. Chinesische Pyramiden

Gibt es eine gemeinsame Urquelle? – Die Grabstätte des »Ersten Kaisers« – Der »Zauberspiegel« Ts'in Schihuang-tis – Ein überraschender Fund – Eine Armee aus Tonfiguren – Die größte Pyramide der Welt? – Ein offiziöser Hinweis – Pyramidenfragmente auf der Felsinsel Jotuo – Rätselhafte Gravuren – Rentierjagd aus der Luft? – Ein hartnäckiger Briefwechsel – »... für ausländische Besucher noch nicht freigegeben«

Pyramiden gehören zu den geheimnisvollsten Bauwerken unseres Planeten. Altertumsforscher vermuten, daß sie mächtigen Herrschern als Grabstätten dienten, doch ist diese Theorie nicht unumstritten. So konnte in der gewaltigen Pyramide von Giseh, die auch Große Pyramide genannt wird und die der Pharao Cheops für sich und seinen Ruhm in der Nachwelt erbauen ließ, der Sarkophag mit seinem einbalsamierten Leichnam nicht gefunden werden. Zwar gibt es in der Cheopspyramide eine sogenannte Königskammer, doch die Mumie des Pharaos blieb bis heute unauffindbar.
Für manche Grenzwissenschaftler ist das nicht weiter überraschend. Sie verweisen auf prähistorische ägyptische Legenden, in denen angedeutet wird, daß die Große Pyramide aus der Zeit vor der Sintflut stammen soll. Ihr Zweck sei es gewesen, das überlegene Wissen jener Zeit in sich zu bergen und zu bewahren.
Pyramiden gibt es, wie wir längst wissen, nicht nur in Ägypten. Sie wurden auch an anderen Orten der Erde errichtet. Aber ihre ursprüngliche Bedeutung ist uns unbekannt geblieben; niemand weiß heute genau, *wer* sie einst erbauen ließ und welche Funktionen sie hatten.

Es gibt die unbestimmte, jedoch nicht ganz unbegründete Annahme, daß alle Pyramidenbauer der Antike ihr Wissen einer einzigen Urquelle verdanken. Diese imponierenden Steinbauten haben nämlich nicht nur in ihrer Konzeption und Konstruktionsgrundlage, sondern auch in ihrer Ausrichtung der Sonne, dem Mond, den Planeten und deren Umlaufbahnen gegenüber gewisse Gemeinsamkeiten. Ähnliche Magnetfelder und Erdströme der einzelnen Standorte sind ebenfalls frappierend. Ist das wirklich nur ein Zufall? Wohl kaum.

Die berühmtesten dieser Kolossalbauwerke stehen in Ägypten und in Mexiko. Doch was den meisten Lesern kaum bekannt sein dürfte: Pyramiden gibt es auch in der Volksrepublik China! Offiziell wird ihre Existenz nur in einem Fall zugegeben. Dieses Eingeständnis betrifft die Grabstätte des »Ersten Kaisers von China«, wie sich der Herrscher Ts'in Schi-huang-ti seinerzeit selbst nannte. Dieser chinesische Kaiser, der sich auch stolz als »Einiger der Reiche« bezeichnete, lebte von 259 bis 209 v. u. Z. Ihm bleibt das unbestrittene Verdienst, für etwas mehr als ein Jahrzehnt den sich abzeichnenden Niedergang des Riesenreiches vorübergehend aufgehalten zu haben. Aber Chinas erster Kaiser war Ts'in Schi-huang-ti, als er 221 v. u. Z. die Regentschaft antrat, selbstverständlich nicht. Es gab vor ihm weit bekanntere Vorgänger.

China hatte sich damals, als Ts'in Schi-huang-ti seine Herrschaft antrat, bereits in mehrere Teilstaaten aufgelöst. Diese Minireiche wurden ausnahmslos von Machthabern regiert, deren Augenmerk einzig und allein auf verschwenderischen Luxus ausgerichtet war. Der »Erste Kaiser« machte diesem Zustand ein Ende. Er besiegte zunächst die Feudalherren der Kleinstaaten, eroberte Mittel- und Südchina und drang mit seinen Soldaten sogar bis Hinterindien vor. Ts'in Schi-huang-ti führte in China ein einheitliches Maß- und Gewichtssystem ein; er ließ auch die chinesische Schrift vereinfachen. Es gelang ihm, Wirtschaftsreformen in seinem Herrschaftsgebiet rigoros durchzusetzen. Der Nachwelt bekannt wurde dieser Kaiser vor allem deshalb, weil er an der Nordgrenze seines Landes eine Befestigung anlegen ließ, die nach seinem Tod zu der berühmten Chinesischen Mauer ausgebaut werden sollte.

Um diesen »Himmelssohn« – wie sich alle Kaiser im Reich der Mitte nach ihren »himmlischen« Vorfahren nannten – ranken sich natürlich viele Gerüchte. So soll Ts'in Schi-huang-ti einen ungewöhnlichen

Spiegel besessen haben, mit dem es ihm möglich war, »die Knochen des Körpers zu erhellen«. Dieses Ur-Röntgengerät war rechteckig, 122 Zentimeter breit, 176 Zentimeter hoch und hatte je eine glänzende Außen- und Innenseite. Trat ein Patient vor diesen »Zauberspiegel«, so sah er sein Spiegelbild seltsamerweise verkehrt herum, er stand also scheinbar auf dem Kopf. Legte der Betrachter seine Hände auf die linke Brustseite, dann zeigte ihm der Spiegel sämtliche Organe, ja sogar den Sitz verborgener Krankheiten. Dieser wundersame Spiegel soll sich noch im Jahr 206 v. u. Z. im Palast Hien-Yang in der Provinz Shaanxi befunden haben. Was mit der rätselhaften Apparatur später geschah, ist leider nicht bekannt. Vermutlich ist sie den Wirren der Zeit, von denen das chinesische Reich im Verlauf seiner bewegten Geschichte nie verschont geblieben ist, zum Opfer gefallen. Vielleicht aber ruht der »Zauberspiegel« heute irgendwo im Labor eines neuzeitlichen Alchimisten, der ängstlich darauf bedacht ist, diese Kostbarkeit vor dem Zugriff zerstörerischer Elemente zu bewahren.

Als Ts'in Schi-huang-ti die Schriftarchive sämtlicher wiedervereinigter Teilstaaten in der Hauptstadt Hsien-jang zusammentragen ließ, um seine Regierungsgewalt zu zentralisieren, legte er damit auch den Grundstein für ein bedeutendes Geschichtswerk. Ausgerechnet diese kulturhistorische Tat wurde später geleugnet, ja, man schob dem »Ersten Kaiser« sogar Dinge in die Schuhe, die ihm wahrlich nicht anzulasten waren. Er selbst konnte dieser Verleumdungskampagne nicht mehr entgegentreten. Nach zwölfjähriger Herrschaft starb der Kaiser, der davon geträumt hatte, daß die von ihm gegründete Ts'in-Dynastie tausend Generationen überleben würde.

Nach seinem Tod tobten blutige Machtkämpfe. Auch das von ihm gehortete kostbare Schriftgut blieb dabei nicht unangetastet. Die riesige Sammlung wertvoller Schriften wurde verbrannt. Spätere Historiker beschuldigten Ts'in Schi-huang-ti, die Bücherverbrennung im Jahr 213 v. u. Z. selbst angeordnet zu haben – angeblich auf Vorschlag seines Kanzlers Li Sse. Lediglich einzelne technische Lehrbücher und bestimmte Nachschlagwerke seien von dieser Vernichtung verschont geblieben, wurde später in manchen Geschichtsbüchern behauptet. Wie dem auch sei, leider ging durch diese Bücherverbrennung wertvolles Wissen für immer verloren.

Schnell geriet der »Erste Kaiser von China« in Vergessenheit. Lange Zeit hindurch wußte man nicht einmal, wo er begraben liegt. Es war reiner Zufall, der dazu führte, daß seine Grabstätte entdeckt wurde. Bis dahin hatte sogar die Ts'in-Dynastie kein historisches Fundament, und ihre Existenz galt als legendär und somit unbewiesen.

Wohl gab es überlieferte Berichte des berühmten chinesischen Historikers Sima Ch'ian (145–86 v. u. Z.), und dieser wußte über die Grabstätte von Ts'in Schi-huang-ti so manches zu erzählen. Aber kaum ein chinesischer Altertumsforscher der Neuzeit kümmerte sich darum. Immer noch galten die Ts'ins als Barbaren: Ihre Kultur wurde als »fremdartig« bezeichnet, weil sie ihre Gewänder links herum geknüpft, sich die Zähne geschwärzt und die Haut tätowiert haben sollen.

Sima Ch'ian hingegen hatte von jeher die Ts'ins als kulturell hochentwickelt beschrieben und ihre Fähigkeit, interessante Technologien entdeckt zu haben, hervorgehoben.

Bauern der Volkskommune »Yanzhai« in der Provinz Shaanxi gelang vor einem Jahrzehnt rein zufällig der Jahrhundertfund der Archäologie. Ende März 1974 gruben sie auf einem Feld, das fünf Kilometer östlich der Bezirkshauptstadt Lintong lag, nach Wasser. Bei den Grabungsarbeiten stießen die erstaunten Männer plötzlich auf überlebensgroße Tonfiguren, die tief im Erdreich verborgen gewesen waren. Was sie zutage förderten, war erstaunlich: Da gab es Krieger, Diener, Pferde und sogar Streitwagen – wunderbare, aus Ton gefertigte Kunstwerke.

Mit Feuereifer stürzten sich die Archäologen Chinas auf die Fundgrube. Das riesige Feld wurde umgegraben. Auf diese Weise fanden die Wissenschaftler drei Nebengräber, deren Urheberschaft eindeutig auf den Kaiser Ts'in Schi-huang-ti zurückzuführen ist. Derzeit beträgt die archäologisch untersuchte Fläche mindestens 14600 Quadratmeter. Mehr als 8000 Tonfiguren (Menschen, Tiere, Streitwagen) wurden ausgegraben.

Heute weiß man: Der »Erste Kaiser«, nunmehr auch historisch »auferstanden«, hatte sich noch zu Lebzeiten mit einer kompletten künstlichen Armee sowie mit einem künstlichen Hofstaat umgeben, die dazu ausersehen waren, ihn nach seinem Ableben ins Reich des Todes zu begleiten.

Diese Tonfiguren dürften auf seine geheime Anordnung angefertigt worden sein, denn selbst der Historiker Sima Ch'ian hatte darüber nie etwas berichtet. Weit mehr wußte er dafür über die kaiserliche

Grabstätte zu erzählen. Seinen Niederschriften ist es zu verdanken, daß der Standort des eigentlichen Kaisergrabes der Nachwelt bekanntgeworden ist. Ts'in Schi-huang-tis letzte Ruhestätte liegt nicht allzuweit vom Fundort der Tonfiguren entfernt, und zwar unter einem fast 50 Meter hohen Hügel, der künstlich angelegt und mit Gras und Bäumen bepflanzt wurde. Laut Sima Ch'ian befindet sich unter diesem Hügel eine etwa 47 Meter hohe, fünfterrassige Pyramide. Ihre Seitenlänge – das haben Nachmessungen ergeben – beträgt ungefähr 350 Meter. Sie ist also um über 100 Meter breiter als die berühmte Cheopspyramide in Ägypten, die aber dafür um etwa 100 Meter höher ist.

In der Chronik von Sima Ch'ian kann nachgelesen werden, daß an die 700000 Arbeiter die Grabstätte des »Ersten Kaisers« gebaut haben sollen. Der Erdboden sei dabei bis zum Grundwasserspiegel aufgegraben, die Bodenfläche der Pyramide mit Bronze ausgegossen worden. Auf die Bronze habe man dann den Sarkophag des toten Herrschers gestellt. Unermeßliche Kunstschätze sollen dem Verstorbenen ins Grab mitgegeben worden sein. Nach der Fertigstellung des Bauwerks wurden jene Unglücklichen, die den Zugang zu den Schätzen des aufgebahrten Herrschers kannten, wie es auch in Ägypten üblich gewesen war, in die Pyramide eingemauert, weiß der Historiker zu berichten.

Sima Ch'ian betont ausdrücklich, die Pyramide sei nach ihrer Fertigstellung mit Erdreich bedeckt und dieses bepflanzt worden, so daß sie später wie ein harmloser, auf natürliche Weise entstandener Hügel aussah. Das interessanteste archäologische Abenteuer steht demnach noch bevor – nämlich die offizielle Öffnung der Grabstätte des »Ersten Kaisers«. Wann ist damit zu rechnen?

»Damit soll sich die nächste Generation beschäftigen!«

Noch immer habe ich diese abweisende Antwort im Ohr. Ich erhielt sie im Verlauf meiner zweiten China-Tour durch Professor Xia Nai, als ich ihn in den Räumen der Akademie der Wissenschaften in Peking besuchte. Professor Xia Nai gehört zu den führenden Wissenschaftlern der Volksrepublik China und leitet das Archäologische Forschungsinstitut in Peking.

In letzter Zeit scheint es jedoch in China auch hierbei eine Kehrtwendung gegeben zu haben. Nach neuesten mir zugänglich gemachten Informationen soll nun die Grabstätte des Kaisers Ts'in Schi-huang-ti doch noch in diesem Jahrhundert geöffnet werden. Richten wir uns nach den Andeutungen des chinesischen Historikers Sima Ch'ian, dann ist diese merkwürdige Zurückhaltung allerdings verständlich. Der »Erste Kaiser«, so erfahren wir in den alten Schriften, soll beim Bau seiner Grabstätte die geschicktesten Handwerker und Techniker seines Reiches herangezogen und ihnen den Auftrag gegeben haben, in den Grabhallen Armbrüste mit mechanischer Selbstauslösung anzubringen, um Eindringlingen, die des Kaisers ewige Ruhe stören würden, sofort den Garaus zu machen.

Es ist nicht überliefert, ob General Hiang Yu im Jahr 207 v.u.Z. tatsächlich imstande gewesen ist, die Pyramide des Kaisers aufzubrechen, um die Schätze dieses »Himmelssohnes« zu rauben.

Wir wissen auch nicht, ob seine Schergen, sollten sie tatsächlich in die Grabstätte eingedrungen sein, von einem Pfeilhagel überschüttet wurden. Vielleicht ist diese Verteidigungsanlage nur ein Gerücht oder eine Erfindung Sima Ch'ians. Professor Xia Nai, den ich dazu befragte, nimmt jedenfalls diese Erzählung nicht ernst. Oder tut er nur so?

Wie auch immer: Vorläufig müssen sich Archäologen und Touristen aus dem In- und Ausland mit dem begnügen, was zur Besichtigung freigegeben ist. China-Reisende sollten sich jedenfalls das Erlebnis, diese archäologische Fundstätte in der Nähe der Stadt Lintong (Provinz Shaanxi) zu besuchen, nicht entgehen lassen.

Wir müssen uns mit dem zufriedengeben, was uns der chinesische Historiker Sima Ch'ian über das Innere der kaiserlichen Pyramide überliefert hat. Demnach wurde Ts'in Schi-huang-ti in einem steinernen Sarkophag aufgebahrt. Die Decke des Saales, in dem der Prunksarg steht, soll auf kunstvolle Weise dem Firmament nachgebildet sein. So ruht also der »Himmelssohn«, wie es sich für einen Herrscher des Reiches der Mitte ziemt, umgeben von Sonne, Mond und Sternen, sozusagen inmitten des Weltalls. Wahrscheinlich ist sein Sarkophag ebenfalls von einer Truppe bewaffneter Tonsoldaten umringt.

Dieser kurze Abstecher in die Geschichte Chinas schien mir notwendig, um zu beweisen, daß die Berichte aus früheren Epochen durchaus ernst zu nehmen sind, und um die Behauptungen zu widerlegen, es gäbe in diesem Land keine Pyramiden.

Es ist sogar möglich, daß hier nicht nur jener antike Grabbau existiert, der unter dem gigantischen Grabhügel östlich von Lintong versteckt

liegt. In den Jahren 1950 bis 1960 wurden in China, und zwar in Ch'in, Yen und Chao, zahlreiche weitere, wenn auch kleinere Pyramiden aufgespürt. Sie besitzen, ähnlich wie ihre präkolumbianischen »Schwestern« in Südamerika, auf ihrer kultischen Plattform ein kleines Bauwerk.
Im März 1947 las man in der renommierten »New York Times« die Meldung, Oberst Maurice Cheahan, Chef der Transworld Airlines in Fernost, habe eine bislang unbekannte Pyramide am Fuß des Tsinling-Gebirges, und zwar in der Ebene von Chenis, entdeckt und fotografiert. Er vertrat die Meinung, das sei zweifelsfrei die größte Pyramide der Welt. Der Oberst schätzte sie auf eine Höhe von 300 Meter, und als Seitenlänge gab er über 400 Meter an.
Auf diese Nachricht erfolgte prompt ein Dementi aus Nanking. Allerdings (und ich spreche hier aus Erfahrung): Offizielle Berichtigungen sind in China mit Vorsicht zu genießen.
Für Außenstehende, und das gilt auch für »einfache« Chinesen, ist es derzeit fast unmöglich, diesen Gerüchten auf den Grund zu gehen. Allein und von Reisegruppen unabhängig durch die Provinzen der Volksrepublik zu fahren, bedarf größter Anstrengungen und ist nur schwer realisierbar. So scheint denn jedes Dementi, weil keine Möglichkeit zur Gegendarstellung besteht, zunächst einmal richtig zu sein. Es sei denn, offiziellen Stellen entschlüpft unbeabsichtigt eine Andeutung, aus der dann unschwer die Wahrheit herausgelesen werden kann.
Die nun folgenden Ausführungen werden manchem Leser vielleicht nicht unbekannt sein. Autoren, die sich mit grenzwissenschaftlichen Phänomenen befassen, haben die Geschichte bereits erwähnt, die ich erstmals 1966 in Hans E. Stumpfs Werk »Das Abenteuer der biblischen Forschung« las. Der Autor, der sich in seinem Buch mit biblischer Archäologie auseinandersetzt, hat die ungewöhnliche Meldung aus dem fernen China in einer ausführlichen Fußnote, auf Seite 81, wiedergegeben. Später erhielt ich darüber ausführliche Informationen – und schließlich einen, sagen wir: offiziösen Hinweis. Allerdings von einer Institution, mit der ich nicht gerechnet hatte: Der Hinweis kam vom Kulturministerium der Volksrepublik China.
Zunächst aber zu dem ungewöhnlichen Bericht. Im Oktober 1959 erschütterte ein Seebeben die Felsinsel Jotuo im Dongting-See. Sie liegt am Südufer dieses Binnenmeeres und an den Ausläufern des

Hunan-Gebirges. Im fernen »Granittal«, auch »Tal der Steine« genannt, legte damals das Beben die Fragmente von drei Rundpyramiden frei.

Das erfuhren Archäologen in Peking. Im Juli 1961 begab sich der Dozent für Altertumsforschung, Professor Chi Pen-lao, mit seinen beiden Assistenten Hui Chu-ting und Dr. Wu To-Wai an den »Tatort«. Vermessungen ergaben, daß jedes einzelne dieser Bauwerke ursprünglich bis zu 300 Meter hoch gewesen sein muß. Das Alter der Pyramiden wurde von den drei Archäologen auf rund 45 000 Jahre geschätzt!

Doch damit nicht genug. Während die Wissenschaftler einen vor etwa 3000 Jahren im Dongting-See versunkenen Mauerwall untersuchten, stießen sie auf unbekannte Höhlen im Inneren der Insel. Zwei Taucher entdeckten in 30 Meter Tiefe den Zugang zu einem unterirdischen Labyrinth, das künstlich in den Granitfelsen hineingebohrt worden war. Es handelte sich dabei um Teile eines Gebirgszuges, der nach einem gewaltigen prähistorischen Erdbeben im Dongting-See versunken war.

Von diesen unter der Wasseroberfläche liegenden Granithöhlenwänden gelangten die Forscher durch symmetrisch angelegte Gänge in eine riesige Halle. Dort wartete auf die Archäologen die eigentliche Überraschung.

An den Wänden des ebenfalls künstlich geschaffenen Raumes entdeckten sie unzählige Ritzzeichnungen, die mit sehr scharfen, wahrscheinlich metallenen Gegenständen und mit erstaunlicher Präzision eingekratzt worden waren. Daß dies vor Tausenden von Jahren geschehen sein mußte, darüber waren sich Professor Chi Pen-lao sowie seine Assistenten schon deshalb einig, weil auch die Fragmente der drei Rundpyramiden, die das Seebeben freigelegt hatte, auf einen Ursprung hinwiesen, der rund 45 000 Jahre zurücklag.

Ungewöhnlich schienen den Archäologen auch die eingeritzten Motive in den fugenlosen Wänden des unterseeischen Höhlenlabyrinths: Man erkannte die Umrisse von Menschen, die zwar kleinwüchsig, aber sehr stämmig dargestellt worden waren. Eindeutig handelte es sich um eine Jagdszene, denn die Kleingestaltigen waren hinter flüchtenden Rentieren her, wobei die Verfolger Waffen benützten, die Chi Pen-lao und seine Assistenten an Blasrohre erinnerten.

Waren das überhaupt Blasrohre?

Diese Frage stellten sich wohl auch die drei Archäologen aus Peking, als sie einige Gänge in den verfallenen Rundpyramiden freigelegt hatten. Es war ein mühevolles Unterfangen gewesen, in diese vorgeschichtlichen Bauwerke zu gelangen. In einem späteren Bericht wies Professor Chi Pen-lao darauf hin, daß die wie poliert wirkenden rohrförmigen Gänge von einem unerklärlich feinen, stahlhart gepreßten Granitstaub blockiert waren, so daß die Archäologen den Eindruck gewannen, die Zugänge seien einst mutwillig verstopft worden. War der Granitstaub durch gewaltige Explosionen entstanden, und waren die drei Pyramiden, von wem auch immer, künstlich zerstört worden?

Auch an den glatten Zugängen zu den Rundbauten entdeckten die Wissenschaftler Ritzzeichnungen, die mit sehr spitzen und harten Werkzeugen eingraviert worden waren. Die künstlerische Gestaltung der einzelnen Motive beeindruckte die Archäologen zutiefst.

Auch hier waren es Jagdszenen mit kleinwüchsigen, stämmigen Menschen, die »Blasrohre« an die Lippen pressen und – deutlich erkennbar – ihre Waffen gegen flüchtende Rentiere richten. Allerdings ist die Darstellung hier durch ein zusätzliches Motiv bereichert, das völlig fremdartig und rätselhaft anmuten muß: Über den Jägern sind stromlinienförmige, in die Wände eingravierte Gebilde dargestellt, auf denen sich humanoide Wesen befinden.

Professor Chi Pen-lao hat in seinem Bericht ihr Aussehen beschrieben: Demnach tragen die Fremden modern anmutende Jacken sowie lange Hosen; in den Händen halten sie Gegenstände, die den bereits erwähnten Blasrohren ähnlich sehen. Damit zielen die Unbekannten aus ihren »Flugapparaten« auf das flüchtende Wild.

Im übrigen soll bei der Jagd auch eine Flotte unbekannter Flugobjekte im Einsatz gewesen sein, denn die Ritzzeichnungen zeigen – so jedenfalls die schriftliche Aussage Chi Pen-laos – zylindrische Körper, die sich über der Jagdszene erheben und die senkrecht, einige sogar schräg zum Himmel aufzusteigen scheinen.

Mit Recht fragt der chinesische Altertumsforscher, worum es sich bei den drei Rundpyramiden einst gehandelt haben könnte. Um Kulturstätten einer längst versunkenen Zivilisation? Um Zeugen eines vor Zehntausenden von Jahren hochentwickelten Zeitalters? Um eine irdische... vielleicht sogar um eine *außer*irdische Zivilisation, die einer globalen Katastrophe zum Opfer gefallen ist?

Fragen über Fragen – wo aber bleiben die Antworten?
Ich war entschlossen, sie zu finden. Doch dafür mußte ich die offizielle chinesische Genehmigung erwirken, um in die Volksrepublik einreisen und die Stätten meines Interesses besuchen zu dürfen.
Selbstverständlich wollte ich unbedingt zum Dongting-See.
Der Zufall kam mir zu Hilfe. Monate vor meinem Antritt zur zweiten China-Reise weilte der damalige österreichische Botschafter in China, Dr. Wilfried Gredler, kurzfristig in Wien. Ich teilte ihm mein Anliegen mit, und er empfing mich in seinen Büroräumen. Dr. Gredler versprach, mein Vorhaben zu unterstützen, erklärte mir allerdings einschränkend, daß er in Kürze von seinem Botschafterposten in Peking abberufen werde. Er zeigte sich gewillt, mit seinem Nachfolger, Dr. Wolte, zu sprechen. In einem Schreiben, das er mir Monate später aus Peking zukommen ließ, teilte mir Dr. Gredler mit, »daß ich mich in Ihrer Angelegenheit mit der Bitte um Unterstützung nachdrücklich an das hiesige Außenministerium gewandt habe... Über den Fortgang Ihres Ansuchens werde ich Sie auf dem laufenden halten.«
Einige Zeit danach schrieb mir der vormalige Gesandte Dr. Gregor Woschnagg: »... kann ich Ihnen aufgrund eines Berichtes der österreichischen Botschaft in Peking mitteilen, daß das chinesische Außenministerium mit einem Besuch prinzipiell einverstanden ist, jedoch nur die Stadt Xian und jene Orte in der Provinz Hunan, die Ausländern zugänglich sind, von Ihnen besichtigt werden können...«
Ergänzend sei noch vermerkt, daß ich um eine Reisegenehmigung als Einzelreisender angesucht hatte. Die Antwort aus Peking befriedigte mich keineswegs. Ich schrieb Dr. Woschnagg erneut und nannte ihm meine Reiseziele. Von chinesischer Seite wollte ich vor allem erfahren, welche Gebiete in der Provinz Hunan ich nun tatsächlich zu sehen bekommen würde. Mein entsprechendes Schreiben beantwortete der Ministerialrat im österreichischen Außenministerium, Dr. Erich Fenkart, unter anderem mit dem Hinweis, »... daß sie (die österreichische Botschaft in Peking, d. V.) nunmehr nach wiederholten Urgenzen vom Kulturministerium eine Stellungnahme auf den Antrag des österreichischen Schriftstellers Peter Krassa für eine Studienreise in China erhalten hat. Das Ministerium teilte hierzu mit, daß von den im Auftrag Krassas angeführten Besuchszielen lediglich die Grabstätte in Ma Wung Tui, Provinz Hunan, sowie das Grab von Kaiser Jin Shi Huangdi (Ts'in Schi-huang-ti) in der Nähe von Xian besucht werden

könnten.« Die vier anderen Stätten – darunter auch der von mir gewünschte Besuch des Dongting-Sees – seien für Touristen nicht freigegeben.

Ich war unzufrieden. Also beharrte ich in meinem nächsten Brief an das österreichische Außenministerium auf meinen Wünschen, da ich die Besichtigung bestimmter Reiseziele – so jenes am Dongting-See – unbedingt als Unterlage für dieses damals in Vorbereitung befindliche Buch benötigte. Bereits zehn Tage später erhielt ich das Antwortschreiben. Der damals eben neuernannte österreichische Botschafter in China, Dr. Wolfgang Wolte (nunmehr Botschafter bei der österreichischen Mission in der EG in Brüssel), teilte mir wenig Tröstliches mit: »Die Besichtigung der Fundamente ehemaliger Pyramiden am Dongting-See in der Provinz Hunan kann jedoch nicht ermöglicht werden, da dieses Gebiet für ausländische Besucher noch nicht freigegeben ist."

Ich versuchte es weiter, da ich unbedingt zum Dongting-See wollte. Es gab einen intensiven Briefwechsel – und schließlich ein Schreiben der österreichischen Botschaft in Peking an das Außenministerium in Wien. Unter der aktenkundigen Ziffer 466-A/81 »Peter Krassa; Studienreise in die VR China« las ich unter anderem: »Das chinesische Kulturministerium hat zur Studienreise Herrn Peter Krassas... seine Zustimmung erteilt, wobei neben den bereits... genehmigten Kulturstätten nunmehr auch noch die landschaftlichen Sehenswürdigkeiten des Dongting-Sees, *jedoch nicht die Fundamente der dortigen Pyramiden* besichtigt werden können.«

IX. Das Rätsel der steinernen Scheiben

Meine Fata Morgana – Wunder gibt es immer wieder – Der merkwürdige Fund von Bayan Kara Ula – Wer waren die Dropas und die Chams? – Eine sensationelle Entschlüsselung – »Schallplatten« aus Granit? – Ein Dementi aus Peking – Flugkurs Moskau – Auch Kasanzew war ratlos – Eine verlockende Entdeckung – Alles nur Schimäre? – Und noch einmal nach China – Ein dubioser Name? – Seit zehn Jahren archiviert – Eine peinliche Episode – Neue Informationen – Erfreuliche Begegnung – Endlich Fotos von den Steinscheiben! – Zwei ausführliche Interviews – Im Panpo-Museum von Xian – Auf heißer Spur

Über viele Jahre hinweg schien es mir, einer Fata Morgana zum Opfer gefallen zu sein, und zwar einer archäologischen Fata Morgana aus dem Fernen Osten.
Aus China kam in den sechziger Jahren eine interessante Nachricht, die auch in den europäischen Zeitungen publiziert wurde. Es war eine phantastische Geschichte, die mich faszinierte: Die Geschichte von der Entdeckung beschrifteter Granit-Scheiben – in ihrem Aussehen unseren Schallplatten ähnlich. Fünf chinesischen Wissenschaftlern, so war weiter zu erfahren, soll es gelungen sein, einige der in Stein gravierten Schriftzeichen zu entschlüsseln. Sie veröffentlichten das Ergebnis ihrer Untersuchungen in einer Publikation der Pekinger Universität. Was sie in diesem Artikel berichteten, war entweder *die*

Sensation schlechthin – wahr gewordene Science-fiction – oder aber lediglich eine Zeitungsente.

Der von den fünf Chinesen veröffentlichte Forschungsbericht gehört zweifellos in den Bereich der sogenannten Grenzwissenschaften, ein bekanntlich höchst anfechtbares Genre.

Mich haben die zahlreichen Phänomene der wissenschaftlichen Grenzgebiete stets magisch angezogen. So auch diese Geschichte aus dem fernen China.

Als ich sie zum ersten Mal las, wollte ich mehr darüber erfahren. Und so entschloß ich mich, dies gleich an Ort und Stelle zu tun. Ich flog also schnurstracks in die Volksrepublik China. Die Reise verlief zwar durchaus beeindruckend, dennoch kehrte ich nach mehrwöchigem Aufenthalt enttäuscht nach Hause zurück. Ich hatte die Fata Morgana nicht greifen können.

Also versuchte ich es auf andere Weise. Ein Jahr danach reiste ich in die Sowjetunion. Dort war ich u. a. Gast eines bekannten Grenzwissenschaftlers. Jedoch: Es war vergebliche Liebesmüh! Wieder schien die chinesische Fata Morgana vor mir zurückzuweichen.

War alles nur Selbsttäuschung gewesen? Fast schien es so. Da entdeckte ich ganz unverhofft eine neue Spur. Ausgerechnet in meiner Heimatstadt Wien! Plötzlich erhielt die fernöstliche Science-fiction-Story Konturen. Ja, es gab sogar einen Fotobeweis von meiner Fata Morgana. Endlich schien ich am Ziel zu sein – das glaubte ich zumindest.

Doch dann entpuppte sich mein vermeintlicher Beweis als bedauerlicher Irrtum. Die Fata Morgana entglitt mir erneut. War alle Mühe vergeblich gewesen? Es hatte den Anschein – denn auch zehn Jahre nach meinem ersten China-Besuch, als ich die Volksrepublik zum zweiten Mal bereiste, kam ich meinen Granitscheiben keinen Schritt näher. Ich war nahe daran zu resignieren. Aber dann ereignete sich das Unwahrscheinliche:

Wunder gibt es immer wieder...

Ich glaube, es wird Zeit, die ungewöhnliche Geschichte über ein archäologisches Rätsel in ihrem ganzen Umfang und von Anfang an zu erzählen. Nur so wird begreiflich, was mich über ein Jahrzehnt hinweg immer wieder beflügelte, meiner Fata Morgana nachzujagen.

Alles begann im Jahr 1938. Damals entdeckte eine Expedition chinesischer Wissenschaftler, unter der Leitung des Archäologen Chi Pu-

tei, recht merkwürdige Dinge in den Felshöhlen des Bayan Kara Ula-Massivs. Dieses Gebirge trennt China von Tibet.
In den Felshöhlen stießen die Archäologen auf zahlreiche Grabstätten, und als einige dieser Gräber geöffnet wurden, fanden sich darin die Skelette kleinwüchsiger Lebewesen mit anatomisch außerordentlichen Merkmalen: Sie deuteten auf einen zierlichen Körperbau, jedoch auf einen erstaunlich großen Schädel hin.
War man auf eine ausgestorbene Zwergrasse gestoßen?
Es sprach einiges dafür. Die chinesischen Wissenschaftler erinnerten sich an Überlieferungen, wonach in dieser Gebirgsgegend einstmals zwei Volksstämme angesiedelt waren, die man ethnologisch nicht einordnen konnte.
Die Gebirgsbewohner selbst nannten sich Dropas und Chams. Sie waren von zwergenhaftem Wuchs – ein Erwachsener soll etwa 130 Zentimeter groß gewesen sein. Diese Liliputaner gingen jedem Kontakt mit anderen Gebirgsbewohnern geradezu ängstlich aus dem Weg. Dropas und Chams haben zeitlebens das Gebiet von Bayan Kara Ula nicht verlassen. Beide Volksstämme sind inzwischen ausgestorben, Überlebende gibt es keine.
Aber es war nicht der Skelettfund allein, der die Archäologen aus Peking verblüffte. Noch mehr Rätsel gaben ihnen die Grabbeigaben auf, die in den Ruhestätten der Zwergwesen lagen: Es handelte sich dabei um 2 Zentimeter dicke Steinscheiben, die einen Durchmesser von etwa 30 Zentimetern hatten und die in der Mitte jeweils ein Loch aufwiesen. Die Artefakte waren mit unbekannten Schriftzeichen bedeckt, die sich spiralförmig von der Mitte aus zum Scheibenrand hinzogen. Insgesamt wurden 716 Granit-»Schallplatten« gefunden.
Man brachte diese archäologischen Raritäten nach Peking, wo sich Sprachforscher jedoch vergeblich bemühten, die geheimnisvollen Zeichen zu entziffern.
Erst 1962 machten fünf Gelehrte der Universität Peking wieder auf die Granit-Scheiben aufmerksam. Sie hatten sich intensiv mit den Schriftzeichen befaßt, und es gelang ihnen tatsächlich, die Glyphen teilweise zu deuten. In China nahm man die Forschungsarbeit der fünf Wissenschaftler nicht ernst. Im Gegenteil: Man mokierte sich über die Behauptung von Professor Tsum Um Nui, seinem Team sei es gelungen, die Zeichen auf einem Teil der Platten entschlüsselt zu haben. Die Pekinger Universität untersagte den fünf Wissenschaftlern sogar die

Veröffentlichung der Arbeit. Der Grund für diese Maßnahme ist nicht bekannt.
Erst nach längerem Für und Wider wurde das Verbot aufgehoben. Aber allein schon der Titel des von Tsum Um Nui verfaßten Fachartikels, und zwar »Inschriften in Verbindung mit Raumschiffen, die vor 12000 Jahren existierten«, entfesselte erneut einen Gelehrtenstreit.
Auch der entzifferte Text selbst war provozierend: »Die Dropas kamen aus den Wolken mit ihren Schwebeapparaten. Zehnmal bis zum Sonnenaufgang versteckten sich unsere Männer, Frauen und Kinder in den Höhlen. Dann verstanden wir endlich aus den Zeichen und Gebärden der Dropas, daß sie gegen uns nichts Böses im Sinne führten...«
Die Mitteilung war anscheinend von den Chams in den Stein geritzt worden, andere Glyphen deuteten darauf hin, so Tsum Um Nui, daß die Dropas nach einer mißglückten Landung auf dem Hochplateau von Bayan Kara Ula ihr eigenes Raumschiff verloren haben dürften und nicht imstande waren, ein neues zu bauen.
Was der chinesischen Fachwelt abstrus erschien, wurde nunmehr für Tsum Um Nui und seine Mitarbeiter sehr bedeutsam. Sie erinnerten sich daran, daß Professor Chi Pu-tei auch darüber berichtet hatte, was ihm und seinen Begleitern an den Bayan Kara Ula-Höhlenwänden aufgefallen war.
»Wir bemerkten eigenartige Gravierungen mit einem seltsamen Motiv«, schrieb der Gelehrte in einem Artikel, den er Ende der dreißiger Jahre in einer chinesischen Fachzeitschrift veröffentlichte. »Deutlich erkennbar waren Darstellungen von Sonne, Mond und den neun Planeten unseres Sonnensystems in die Höhlenwände eingeritzt worden. Erbsengroße Rundungen dazwischen sollten wohl die Verbindung zur Erde anzeigen.« Handelte es sich hierbei um das dargestellte Anflugmanöver einer außerirdischen Raumflotte?
Tsum Um Nui scheint das in Betracht gezogen zu haben, denn in jener Arbeit, die er gemeinsam mit seinen vier Forscherkollegen im Jahr 1962 veröffentlichte, stellte er Vergleiche mit alten chinesischen Legenden an, die vor allem in dem Gebiet von Bayan Kara Ula erzählt werden.
In diesen Überlieferungen ist von einem Stamm kleiner »gelber« Männer die Rede. Sie sollen einstmals »aus den Wolken auf die Erde niedergebracht« worden sein. Die Fremden besaßen der Sage nach

große Köpfe, jedoch nur sehr schmale Schultern und spindeldürre Körper. Ihre Häßlichkeit war für die Gebirgsbewohner im Umkreis so abstoßend, daß sie »auf flinken Rossen« kurzerhand Jagd auf die Zwergwesen machten und viele der »kleinen gelben Männer« töteten. Tsum Um Nui, der diese Legende mit dem Bericht seines Kollegen Chi Pu-tei verglichen hatte, entdeckte aber noch weitere Parallelen. Tatsächlich hatten die Archäologen 1938 neben den Ruhestätten der Zwergwesen auch Gräber gefunden, in denen normalwüchsige Menschen der mongolischen Rasse bestattet worden waren. Man kann also annehmen, daß sich die Stämme der Dropas und der Chams vereinigt hatten und lange zusammenlebten.

Längst hatten sich andere chinesische Wissenschaftler auf eine These über die Identität der großschädeligen Miniskelette geeinigt. Sie bezeichneten Chi Pu-teis Fund als den Überrest einer ausgestorbenen Zwergaffenart.

Professor Tsum Um Nui verwarf jedoch diese Auslegung seiner Kollegen als »völlig unsinnig«. Mit welcher Begründung hätte man Tieren damals jene 716 Steinscheiben mit ins Grab legen sollen, hielt der Gelehrte dieser Behauptung entgegen.

Grabbeigaben für Affen? Eine absurde Annahme.

Diese steinernen »Schallplatten« hatten es Tsum Um Nui und seinen Mitarbeitern ganz besonders angetan. Um ihrer wahren Bedeutung auf den Grund zu gehen, wurden sie von anhaftenden Felsteilchen gereinigt. Einige wurden dann zu einer genaueren chemischen Untersuchung nach Moskau geschickt. Dort machten sowjetische Wissenschaftler eine bedeutsame Entdeckung: Die Steinscheiben, die allesamt aus Granit gefertigt worden waren, enthielten große Mengen Kobalt und einige andere metallische Elemente. Geologen unterzogen den Höhlenfund auch einer oszillographischen Untersuchung, dann erst war die Sensation perfekt. Die Scheiben vibrierten nämlich in einem völlig ungewohnten Rhythmus – so als ob sie elektrisch geladen und Teile eines elektrischen Zirkels wären.

Ungewöhnlich war aber auch das Alter dieser Fundstücke: Es wurde auf rund 12000 Jahre geschätzt!

Vor so langer Zeit hatten die Zwergwesen gelebt, und die Steinscheiben mußten demnach ebenso alt sein – vorausgesetzt, man hatte sie den Toten unmittelbar nach ihrem Ableben ins Grab gelegt, was Tsum Um Nui als sicher annahm.

Soweit jene Story, wie sie in den sechziger Jahren in verschiedenen Fachzeitschriften verbreitet wurde und die in der Folge zu meiner Fata Morgana werden sollte.

Schon während meiner ersten China-Reise unternahm ich alles, um hinter das Geheimnis rund um die Steinscheiben zu kommen.

Während eines dreitägigen Aufenthaltes in Peking bestürmte ich meine chinesischen Begleiter, mir Zutritt zur Universität oder zur Archäologischen Akademie zu verschaffen. Aber selbst die Schützenhilfe unserer Reiseleiterin nützte gar nichts. Unsere Gastgeber bedauerten: Seit Beginn der Kulturrevolution seien Universität und Akademie geschlossen. Über das Schicksal der früher dort tätigen Wissenschaftler sei leider nichts bekannt.

Ich war sehr enttäuscht, aber ich gab nicht auf.

Sofort nach meiner Rückkehr versuchte ich es noch einmal. Ich wandte mich an die chinesische Botschaft in Wien und bat, meinen an die Archäologische Akademie in Peking adressierten Brief weiterzuleiten. Meiner Bitte wurde entsprochen.

Es dauerte ein halbes Jahr, ehe ich Antwort aus China erhielt. Leider war das Schreiben der Akademie in chinesischem Wortlaut abgefaßt worden. Ich verdanke dem damaligen Wiener Korrespondenten der Nachrichtenagentur »Neues China«, Chen Wen-kuei, die Übersetzung des Pekinger Briefes. Was ich allerdings zu hören bekam, enttäuschte mich abermals: »Soviel uns bekannt ist, wurden in China niemals ›Steinscheiben‹ gefunden, die Sie in Ihrem Brief erwähnt haben. Der Bericht über den Fund der sogenannten ›Steinscheiben‹ in China im Jahr 1938 entbehrt jeder Grundlage. Wir wissen auch nichts von einem Professor Tsum Um Nui«, hieß es in dem Antwortschreiben aus Peking.

War ich also irgendeiner Falschmeldung aufgesessen? Handelte es sich bei dieser Steinscheiben-Story um ein Ammenmärchen? Ich ließ nicht locker. Hatte es in dem umstrittenen Bericht aus China nicht auch geheißen, einige dieser Granit-Scheiben seien in der Sowjetunion untersucht worden? Vielleicht würde sich dort eine neue Spur finden lassen.

Gedacht, getan. Nach einer ersten Kontaktnahme mit dem damals in Wien tätigen Chefredakteur der sowjetischen Nachrichtenagentur »Nowosti«, Krestjaninow, schrieb ich an die Moskauer Redaktion der Zeitschrift »Sputnik«, deren deutschsprachige Ausgabe im April

1968 die Geschichte von den mysteriösen Steinscheiben erstmals auch bei uns bekannt gemacht hatte. Verfasser dieses Artikels war der auch auf dem Gebiet der Grenzwissenschaften bewanderte Philologe Wjatscheslaw Saizew von der Belorussischen Akademie in Minsk.
Nach wenigen Wochen hielt ich die schriftliche Antwort in den Händen. »Sputnik«-Chefredakteur Fedossjuk lud mich ein, die Redaktion seiner Zeitschrift in Moskau zu besuchen, und er stellte mir erfreulicherweise auch ein Treffen mit dem prominenten Physiker und Science-fiction-Autor Alexander Kasanzew in Aussicht.
Über Kasanzew Worte zu verlieren, das hieße, die sprichwörtlichen Eulen nach Athen tragen. Dieser renommierte Wissenschaftler, der auch durch zahlreiche Sachbeiträge in verschiedenen Zeitschriften in Erscheinung getreten ist, gilt nach wie vor als der populärste sowjetische Vertreter auf dem umstrittenen Gebiet der Grenzwissenschaften. Von einem Besuch bei ihm versprach ich mir zu jenem Zeitpunkt weiterführende Hinweise, um meiner Fata Morgana aus dem Fernen Osten wieder auf die Spur zu kommen. Der Wiener »Nowosti« Chefredakteur Krestjaninow hatte meine Neugier noch zusätzlich angestachelt, als er mir berichtete, Kasanzew besitze die reichhaltigste Privatsammlung mit vorgeschichtlichen Funden in der UdSSR.
Für mich stand fest: Nichts wie hin nach Moskau!
Drei Tage nach meiner Ankunft in der sowjetischen Hauptstadt war es soweit. Die Sonne lachte vom Himmel, und mir lachte das Herz. Mein Besuch bei Alexander Kasanzew war für elf Uhr vormittag fixiert worden. Der »Sputnik«-Chefredakteur Fedossjuk hatte tags zuvor alles arrangiert. Über das Reisebüro »Intourist« hatte ich mir einen Dolmetscher besorgt; das Abenteuer konnte beginnen.
Alexander Kasanzew empfing uns sehr freundlich. Wir wurden in einen großen Raum gebeten, der voll von Bücherregalen, handgezeichneten Bildern und vielen Skulpturen war. Mit dabei (von mir nicht erbeten, aber stillschweigend toleriert) auch ein »Beobachter« der Agentur »Nowosti«.
Mein Gastgeber erläuterte mir seine Ansicht über intelligentes Leben im All und zeigte mir zwei seiner bronzenen Dogu-Statuetten, ein Geschenk japanischer Freunde. Kasanzew hält diese kleinen Kunstwerke für Nachbildungen prähistorischer außerirdischer Besucher. Wir sprachen über die geheimnisvolle Grabplatte von Palenque im mexikanischen »Tempel der Inschriften«, die Erich von Däniken mit

seinem Buch »Erinnerungen an die Zukunft« weltberühmt gemacht hat. Auch Kasanzew ist der Meinung, daß die kunstvolle Gravur ein technologisches Geschehen deutlich machen will. Er zeigte mir Farbfotos jener Jade-Maske, die dem Toten wahrscheinlich erst im Sarkophag über das Gesicht gelegt worden war. Der Verstorbene war für einen Maya unnatürlich groß. Sogar mit Bildern, auf denen das Gesicht des Mannes zu sehen war, konnte Kasanzew aufwarten. Das Antlitz des Unbekannten war von dem sowjetischen Archäologen und Rekonstrukteur Andranik Dshagarjan, einem Freund Kasanzews, getreu der Totenmaske nachgebildet worden. Auffallend daran ist, daß die Nasenwurzel bereits an der Stirn sichtbar wird. Die beiden Wissenschaftler sind sich einig: Derartige Rassenmerkmale sind auf der Erde unbekannt.

Nachdem mir Kasanzew auch noch ausführlich seine Ansicht über die Identität des Tunguska-»Meteors« erläutert hat, den er als abgestürztes UFO ansieht, komme ich endlich zum Gegenstand meines Interesses.

Was hält der Sowjetexperte von jener Steinscheiben-Geschichte?

Wie nicht anders zu erwarten war, kannte er natürlich alles, was damit zusammenhing. Er meinte zögernd: »Ehrlich gesagt, ich zweifle ein wenig an dem Wahrheitsgehalt dieser Information. Als Erich von Däniken vor fünf Jahren bei mir zu Gast war, habe ich ihm dasselbe gesagt.«

Der Inhalt der mysteriösen Geschichte beruhe im wesentlichen auf Angaben der belgischen UFO-Zeitschrift »BUFOI«, doch habe man dort lediglich einen japanischen Artikel gleichen Inhalts wiedergegeben, behauptete mein Gastgeber. »Auch meine japanischen Freunde, die mir seinerzeit die Dogu-Statuetten zum Geschenk gemacht haben, konnten bisher keine schlüssigen Beweise für den Wahrheitsgehalt dieser Nachricht aus China erbringen«, bedauerte er. Auch Fotos von den Steinscheiben habe er noch nie zu Gesicht bekommen.

»Wissen Sie«, meinte Kasanzew abschließend, »China ist für mich ein Buch mit 7 Siegeln. Ich weiß nicht sehr viel über dieses Land. Lediglich mit einigen mythologischen Überlieferungen kann ich Ihnen dienen. Etwa mit jener Legende, in der berichtet wird, daß einstmals die ›Söhne des Himmels‹ mit feurigen Drachen auf die Erde kamen, um die Menschen Ackerbau und Viehzucht zu lehren. Sie können sich darauf sicher selbst einen Reim machen«, fügte er mit einem schelmischen Lächeln hinzu. Und ob ich das kann. Aber in meiner Sherlock-Holmes-Tätigkeit, dem Ursprung der Steinscheiben-Story auf die Schliche zu kommen, brachte mich auch diese Erkenntnis keinen Schritt weiter.

Doch dann schien mich das Schicksal plötzlich zu begünstigen. Ich war ganz unverhofft auf eine Spur der Granit-Scheiben gestoßen. Ausgerechnet in Wien.

Beim Durchstöbern des Archivs des Völkerkundemuseums stieß ich auf ein im Jahr 1957 in Peking erschienenes Buch über die Ausgrabungen chinesischer Archäologen. Das Werk war illustriert, und ich glaubte meinen Augen nicht trauen zu dürfen: Da leuchtete es mir förmlich entgegen – ein kleines Schwarzweißfoto, darauf abgebildet eine jener rätselhaften Steinscheiben!

Schriftzeichen und ein Loch in der Mitte – ähnlich wie bei einer Schallplatte – waren eindeutig zu erkennen. Ein kurzer chinesischer Text war dem Bild beigefügt. Was würde er mir enthüllen?

Zunächst mußte der Bildtext gedeutet werden. Chen Wen-kuei, der Wiener Korrespondent der Nachrichtenagentur »Neues China«, erklärte sich bereit, mir die Worte zu übersetzen. Einige Wochen später lieferte er mir die deutschsprachige Version. Darin war etwas von Ausgrabungen und Kultscheiben zu lesen, aber leider nichts Näheres darüber. Hatte der Originaltext keine genauen Angaben enthalten? War die Übersetzung vielleicht unvollständig?

Dennoch ließ ich mich von meinem Glücksgefühl mitreißen. Ich war zu jenem Zeitpunkt davon überzeugt, die Spur der Steinscheiben und den Beweis für ihre tatsächliche Existenz gefunden zu haben.

Die Enttäuschung blieb nicht aus. Heute weiß ich, daß das Foto aus dem Werk »Informationen der Altertumsforschung« nichts mit den von mir gesuchten Steinscheiben von Bayan Kara Ula zu tun hat. Es handelt sich um eine Jade-Scheibe mit einem Loch in der Mitte. Sie wird der Zeit der Han-Dynastie zugeschrieben und wurde in einem Grab außerhalb des Osttores von Lingling in Hunan gefunden.

Sollten also jene »Anti-Dänikeni« recht behalten, die diese Geschichte ins Reich der Fabel verbannen? Jagte ich wirklich nur einer Fata Morgana nach?

Ich konnte mich mit einem solchen Gedanken nicht abfinden – also flog ich zum zweiten Mal in das Reich der Mitte. Seit meiner Reise, ein Jahrzehnt zuvor, hatte sich dort unglaublich viel verändert. Seinerzeit drehte sich fast alles um den Großen Vorsitzenden Mao. Wo immer man hinblickte, was immer man hörte oder zu sehen bekam. Mao war auf irgendeine Art ständig zugegen. Auf Transparenten, im Radio, im Fernsehen; er wurde in Liedern und unzähligen Gedichten verherrlicht! Natürlich auch in den Zeitungen und in jenem kleinen roten Büchlein, das in Europa und Übersee ironisch als »Mao-Bibel« bezeichnet wird. Überall hingen Bilder des Großen Vorsitzenden.

Das erinnert mich an eine Episode, die mir in Wuhan widerfahren ist. Wir besichtigten dort eine große Fabrik und die werkseigene Sanitätsstation. Hatte ich bisher eigentlich nur Porträtaufnahmen Maos zu Gesicht bekommen, so entdeckte ich plötzlich auf einem Schreibtisch, von einer Glasplatte geschützt, zum ersten Mal ein Farbfoto des Großen Vorsitzenden, auf dem er in voller Lebensgröße, in einem Korbsessel im Garten sitzend, abgebildet war.

»Das wäre ein passendes Bild für eine Veröffentlichung in meiner Zeitung«, sagte ich spontan.

Unseren Dolmetschern war bekannt, daß ich als Journalist in Österreich arbeitete. Aber mein Wunsch verhallte anscheinend unerfüllt. Lediglich ein Satz machte mir Hoffnung: »Sie werden ein Foto bekommen...«

Wochen vergingen, meine Bitte schien vergessen. Schließlich besuchten wir Schanghai – unsere letzte Station in China. Am Tag des Abflugs meinte einer der Dolmetscher: »Sie wollten doch ein Bild unseres Vorsitzenden Mao?« Als ich bejahte, sagte der Chinese knapp: »Sie werden eines bekommen.«

Und so war es auch. Vor dem Einstieg in die Maschine händigte man mir eine gut verpackte Papierrolle aus, so daß ich mich entschloß, das Bild Maos, das von beachtlicher Größe sein mußte, erst zu Hause zu begutachten.

Als ich dann in den eigenen vier Wänden die Papierrolle vorsichtig öffnete, war ich ehrlich verblüfft: Die Chinesen hatten mir haargenau jenes Farbfoto, das ich Wochen zuvor in Wuhan bewundert hatte, in Großformat als Geschenk mitgegeben. Vor soviel Aufmerksamkeit kann man nur kapitulieren. Maos Bildnis hängt heute noch, auf Sperrholz aufgezogen, in meiner Wohnung. Ein beredtes Zeichen chinesischer Gastfreundschaft.

Von Mao fand ich während meiner zweiten China-Reise kaum noch Andeutungen. Sein Bildnis prangt nur noch über dem Eingang der

Verbotenen Stadt und dem »Tor des himmlischen Friedens«. Sonst ist von ihm nichts mehr zu sehen.
Reiseleiter meiner zweiten China-Tour war Dr. Udo Weiss. Hinter diesem Namen verbirgt sich ein bescheidener, hochintelligenter Mann. Er ist Wirtschaftsexperte und nicht nur der chinesischen Schriftsprache, sondern auch mehrerer chinesischer Dialekte mächtig. Ihm berichtete ich von meiner Suche nach dem Wahrheitsgehalt der Steinscheiben-Geschichte. Besonders interessierte ihn der Name jenes Professors, der angeblich die Rillenschrift auf den Granitplatten entschlüsselt hatte – Tsum Um Nui. Ihm kam der Name dubios vor, allerdings wollte er dessen Echtheit nicht von vornherein ausschließen. Mir selbst waren in der Stadt Kanton Straßenbezeichnungen aufgefallen, die mit »Tsim« begannen. Warum also sollte es keine Personennamen mit dem Wort »Tsum« geben?
Auch Dr. Udo Weiss ließ diese Möglichkeit gelten. »Vielleicht ist der Name Tsum Um Nui einem der vielen chinesischen Dialekte entnommen«, machte er mir Hoffnung, eines Tages doch noch auf die Spur dieses chinesischen Wissenschaftlers zu stoßen.
Drei Tage vor meiner Rückkehr nach Österreich hoffte ich nun doch, irgend etwas Konkretes über meine Fata Morgana zu erfahren. Zehn Jahre nach meinem vergeblichen Bemühen, Zutritt zur Archäologischen Akademie in Peking zu erhalten, wurde mir dieser Wunsch endlich erfüllt. Ein fast zweijähriger Briefwechsel mit der chinesischen Botschaft in Wien, dem staatlichen Reisebüro »Lüxingshe« sowie mit dem Kulturministerium der Volksrepublik China war diesem Besuch vorausgegangen. Ich hatte mich bemüht, nichts dem Zufall zu überlassen. Auch eine Audienz beim chinesischen Botschafter in Wien, Wang Shu, war sehr von Nutzen, denn er erwies sich als Hobby-Archäologe. Er war es schließlich, der mich seinem Freund, Professor Xia Nai, empfahl. Ich glaubte damals meinen Ohren nicht zu trauen: Professor Xia Nai war der Direktor des Instituts für Archäologie der Akademie der Wissenschaften in Peking.
Ich sah mich fast am Ziel meiner Wünsche. Und ich hatte mich für dieses Gespräch – »Lüxingshe« war durch zwei Dolmetscher vertreten – gründlich vorbereitet.
Der Besuch verlief nicht so, wie ich es erhofft hatte. Auf die Steinscheiben-Story angesprochen, reagierte der sonst sehr freundliche und höfliche Professor fast unwirsch. Einer der beiden Dolmetscher über-

setzte mir das Wörtchen »Unsinn«, dann gab Direktor Xia Nai einem seiner Mitarbeiter einen Wink, dieser ging in einen Nebenraum und kam kurze Zeit danach mit einem beschriebenen Briefbogen zurück.
»Sie haben doch schon einmal wegen dieser Sache bei uns angefragt«, wurde ich belehrt, »und wir haben Ihnen damals darauf geantwortet. Warum stellen Sie jetzt dieselben Fragen noch einmal?« klang es vorwurfsvoll. Dann überreichte mir Xia Nai den beschriebenen Briefbogen.
Es war kaum zu glauben: Ich hielt mein eigenes Schreiben in der Hand, das ich vor zehn Jahren an die Archäologische Akademie in Peking adressiert hatte. Sankt Bürokratius lebe hoch!
Die zweite denkwürdige Episode ereignete sich nach Beendigung meines Besuchs bei Professor Xia Nai. Da schlitterte ich jäh in diplomatische Kalamitäten hinein, ohne vorerst zu ahnen, worauf ich mich da eingelassen hatte.
Zum besseren Verständnis des Lesers sei erwähnt, daß für den Vorabend unserer Abreise aus China ein Festessen beim österreichischen Botschafter in Peking, Dr. Wolte, angesetzt worden war. Die Einladungen waren ausgesprochen, alles schien in Ordnung zu sein. Das glaubte ich wenigstens. Doch dann geschah folgendes:
Beim Hinausschlendern aus dem Institutsgebäude, auf dem Weg durch eine typisch chinesische Gartenanlage, trat einer der beiden »Lüxingshe«-Dolmetscher an mich heran und meinte vorsichtig: »Es soll keine Bitte sein, nur eine Frage: Wäre es möglich, zu dem Bankett Ihres Botschafters auch Herrn Professor Xia Nai einzuladen?«
Ich war zunächst überrascht, sah aber in dieser Frage nichts Verfängliches. Also sagte ich unverbindlich zu, mich um eine Einladung bemühen zu wollen.
Naivität hat auf dem diplomatischen Parkett keine Chance. Das bekam ich bald zu spüren.
Ich telefonierte zunächst mit Botschafter Dr. Wolte, und dieser zeigte sich hocherfreut, einen so prominenten Gast zusätzlich begrüßen zu dürfen. Ich teilte ihm Adresse und Telefonnummer des Instituts mit und informierte auch unsere Chefdolmetscherin, Frau Shu.
Das hätte ich nicht tun sollen, denn damit trat ich eine Lawine los, die mich buchstäblich überrollte. Frau Shu nahm mich beinhart ins Verhör. Ob ich diese Geschichte vielleicht erfunden hätte, und wer von den beiden Dolmetschern mit mir gesprochen habe, wollte sie

unbedingt wissen. Ich war immer noch ahnungslos, und ich berichtete, wie sich alles tatsächlich zugetragen hatte. Frau Shu telefonierte mit dem betreffenden Dolmetscher. Dieser leugnete, mit mir überhaupt gesprochen zu haben, und wenn, dann nur über das Wetter. Frau Shu konnte sich nicht beruhigen. Wie einen Angeklagten nahm sie mich in regelmäßigen Abständen ins Gebet. Jetzt wußte ich natürlich Bescheid, doch zu einer Kehrtwendung war es bereits zu spät.

Beim Festessen des Botschafters waren alle Eingeladenen erschienen – ausgenommen Professor Xia Nai. »Mein Sekretär hat zwei Stunden lang versucht, den Wissenschaftler anzurufen. Leider konnte ich ihn nicht sprechen«, erklärte mir Dr. Wolte.

Ich hatte dem Botschafter von meinem diplomatischen Fauxpas berichtet, und er wußte wie ich, daß der Gelehrte davon abgehalten worden war, mit dem Botschaftssekretär zu telefonieren...

Vielleicht wäre Xia Nais Wunsch entsprochen worden, hätte ich eine derartige Bitte als persönliche Anfrage ausgesprochen. Aber solche diplomatische Winkelzüge durchschaute ich damals noch nicht. Fazit: Ich rutschte aus und fiel auf die Nase...

Als ich wieder heimwärts flog, hatte ich in China manches erreicht. Nur eines wieder nicht: Gewißheit über die Steinscheiben von Bayan Kara Ula.

Nach etwa einem halben Jahr hatte ich neues Material über meine Fata Morgana erhalten. So auch über jenen mysteriösen Professor Tsum Um Nui, der über seine Forschungsarbeit ein Buch veröffentlicht hatte. Allerdings war diese Arbeit in Japan erschienen. 1965 soll der Gelehrte nach einem kurzen, schweren Leiden verstorben sein. Als ein verbitterter Mann, von den Wissenschaftlern seiner chinesischen Heimat nicht anerkannt.

Diese Informationen waren mir über Mittelsleute durch Wjatscheslaw Saizew zugegangen, mit dem ich 1973 korrespondiert hatte. Inzwischen versuchte ich, auch mit japanischen Freunden in Kontakt zu treten.

Dann kam die 8. Weltkonferenz der »Ancient Astronaut Society« in Wien, an der ich selbst als Referent teilnahm. Dort, im Hilton-Hotel, sah ich sie wieder – meine Fata Morgana...

Es war für mich zweifellos ein etwas überraschendes Wiedersehen mit Herrn Ernst Wegerer, den ich bereits 1975 kennengelernt hatte.

Damals erzählte mir Ingenieur Wegerer, man habe ihm 1974, während seiner Reise durch die chinesische Volksrepublik, zwei jener geheimnisvollen Steinscheiben gezeigt, über die ich 1973 in meinem Buch »Als die Gelben Götter kamen« berichtet hatte.

Ich spitzte natürlich die Ohren, ja ich wurde geradezu fiebrig vor Aufmerksamkeit, als er mir eröffnete, er habe diese Steinscheiben mit seiner Polaroidkamera sogar fotografiert. Ich beschwor Wegerer inständig, mir seinen Fotoschatz zu zeigen. Er verhielt sich jedoch meinem Wunsch gegenüber reserviert. Die Fotos befänden sich in einem Koffer voller Reiseaufnahmen, und es sei noch keine Zeit gewesen, sie herauszusuchen; ich solle mich etwas gedulden.

Das war für mich nicht leicht. Sollte ich jetzt, wo meine Fata Morgana womöglich doch noch Gestalt annehmen konnte, eine Geduldsprobe ablegen?

Ingenieur Wegerer hielt mich hin. Er zeigte mir deutlich, daß er nicht bereit war, mir seine Steinscheibenfotos zu zeigen. Und weil meine mehrmaligen Interventionen nichts fruchteten, verlor ich schließlich das Interesse. Ich wandte mich anderen schriftstellerischen Aufgaben zu, und auch mein Kontakt zu dem Herrn nahm ein abruptes Ende.

Es vergingen mehrere Jahre, bis zu jener Weltkonferenz der AAS in Wien, ehe ich Ingenieur Wegerer wieder begegnete! Es war von beiden Seiten eine durchaus freundliche Begrüßung, doch blieb ich selbst dann reserviert, als mir Wegerer eröffnete, er wäre jetzt – im Gegensatz zu früher, wie er ausdrücklich betonte – bereit, mir seine Fotos von den chinesischen Steinscheiben zu zeigen. Ingenieur Wegerer versprach, bald anzurufen und mich zu sich nach Hause einzuladen. Einen Tag lang wollte er dann mit mir über all die Dinge sprechen, die uns beide interessierten. Bei dieser Gelegenheit würde ich dann auch seine in China angefertigten Polaroidbilder zu sehen bekommen.

Diesmal wurde ich nicht enttäuscht. Der Anruf kam, und wir vereinbarten einen Gesprächstermin. Pünktlich erwartete mich Ingenieur Wegerer in seinem Wagen vor meiner Haustür. Dann chauffierte er mich zu seinem hübschen Domizil im niederösterreichischen Maria Enzersdorf.

Da mir mein Gastgeber durchaus ansah, daß ich bereits wie auf Nadeln saß, führte er mich in den Keller seines Hauses, wo er sich einen urgemütlichen Raum mit einem Film- und Fotoarchiv eingerichtet hat.

Längst waren seine Bilder in Fotoalben eingeordnet; nun legte er mir das betreffende Album vor. Da sah ich sie endlich mit eigenen Augen: sechs Polaroid-Farbaufnahmen mit »meiner« Fata Morgana!
Es handelte sich um zwei scheibenförmige Objekte mit einem Loch in der Mitte, ähnlich wie bei Schallplatten. War das nun tatsächlich der Beweis für die Existenz der umstrittenen Granit-Scheiben von Bayan Kara Ula, dem ich so lange entgegengefiebert hatte?
Nachdem ich mit Ingenieur Ernst Wegerer und seiner Frau ausführlich darüber gesprochen habe, bin ich davon überzeugt, nun endlich auf der richtigen Spur zu sein. Dennoch möchte ich das Urteil dem Leser überlassen und gebe den Wortlaut jenes Doppelgesprächs wieder, das ich mit dem Ehepaar geführt habe. Die Fragen und Antworten wurden nicht verändert, lediglich ein wenig gestrafft, um Wiederholungen, wie sie bei Tonbandaufzeichnungen unvermeidlich sind, auszuschalten. Ich eröffnete das Gespräch mit der Dame des Hauses. Zunächst sei bemerkt, daß Herr und Frau Wegerer ihre China-Reise im November 1974 absolvierten. Die lang gesuchten Steinscheiben entdeckten sie im Panpo-Museum. Dieses Museum befindet sich im Zentrum der Stadt Xian. Als ich das erfuhr, war ich einigermaßen verärgert. Dies deshalb, weil ich mich während meines mehrwöchigen China-Besuchs auch drei Tage in Xian aufgehalten hatte, ohne allerdings von der Existenz des kostbaren Fundes in jenem Museum auch nur das geringste zu ahnen.

Autor:
»Als Sie damals in das Panpo-Museum kamen und Ihr Mann die Vitrine mit einer der Steinscheiben entdeckte, wurden da auch Sie von der Aufregung Ihres Partners angesteckt?«
Frau Wegerer:
»Die Scheibe in der Vitrine war zwar nur eine von vielen Sehenswürdigkeiten in diesem Museum, aber als ich die Aufregung meines Mannes bei diesem Fund bemerkte, begann auch ich mich dafür zu interessieren. Ich war überrascht, wie klein diese Scheibe war und daß ich darauf eigentlich relativ wenig erkennen konnte.«
Autor:
»Haben Sie irgend etwas auf dieser Scheibe bemerkt? Vielleicht Schriftzeichen oder Rillen?«
Frau Wegerer:
»Ich würde sagen, es waren rillenförmige Vertiefungen, wie auf einer

Schallplatte. Nur der mittlere Teil der Scheibe, rund um das Loch, war etwas erhöht.«

Autor:
»Entsprach die Größe der Scheibe jener einer Langspielplatte?«

Frau Wegerer:
»Soweit ich mich daran erinnere, war die Scheibe etwas kleiner.«

Autor:
»Sie kannten damals die überlieferte Geschichte um diese Steinscheiben noch nicht? Hatte Ihnen Ihr Mann darüber gar nichts erzählt?«

Frau Wegerer:
»Nein, nein. Er beschäftigt sich zwar immer wieder mit solchen Dingen, aber für mich ist das alles nicht so interessant, weil mir das Grundwissen fehlt.«

Autor:
»Aber Ihnen fiel die Überraschung Ihres Mannes auf, als er diese Scheibe erblickte?«

Frau Wegerer:
»Ja, ich registrierte die vielen Fragen, die er stellte und die man ihm nur zum Teil beantworten konnte. Die Krönung für ihn war es dann, als er später noch einmal zu jenen Vitrinen zurückgehen durfte, doch da war ich nicht mehr dabei.«

Autor:
»Und was sagte er nach der neuerlichen Besichtigung?«

Frau Wegerer:
»Es war zunächst vielleicht nicht ganz befriedigend für ihn, aber, wie er mir später erzählte, zeigte man ihm nachher noch eine zweite Scheibe. Das hat ihn tief beeindruckt.«

Autor:
»Aus welchem Material bestand Ihrer Ansicht nach diese Scheibe, die auch Sie zu sehen bekamen? Könnten Sie es genau beschreiben?«

Frau Wegerer:
»Ich würde sagen, es handelte sich um einen graugrün getönten Stein.«

Autor:
»Und wie dick war diese Steinscheibe?«

Frau Wegerer:
»Darüber kann ich Ihnen leider keine Auskunft geben.«

Soweit mein Gespräch mit Frau Wegerer. Nun wandte ich mich ihrem Ehepartner zu.
Autor:
»Sie haben eine dieser Steinscheiben in den Händen gehalten. Wie dick könnte dieses Artefakt gewesen sein?«
Ing. Wegerer:
»Etwa acht bis neun Millimeter, vielleicht sogar zehn Millimeter. Also etwa einen Zentimeter stark. Um den Durchmesser der Scheibe zu bestimmen, habe ich, bevor ich sie fotografierte, einen Maßstab dazugelegt. Offensichtlich war die Blendung so stark, daß man auf dem Foto den Maßstab nicht ablesen kann. Ich erinnere mich, daß der Durchmesser 28 bis 30 Zentimeter betragen hat. Die Scheibe erreichte also nicht ganz die Größe der uns geläufigen Langspielplatten.«
Autor:
»Wann erfuhren Sie zum ersten Mal etwas über die Steinscheiben? Wie haben Sie darauf reagiert?«
Ing. Wegerer:
»Ich hatte Anfang 1974 Ihr Buch ›Als die Gelben Götter kamen‹ gelesen, in dem Sie darüber berichten. Das stimulierte mich, gemeinsam mit meiner Frau die Volksrepublik China zu bereisen. Ich mußte ganz einfach Näheres über diese geheimnisvollen Steinscheiben erfahren. Damals besaß ich allerdings noch nicht so qualitativ gute Fotoapparate, wie sie mir heute zur Verfügung stehen. Meine Ausrüstung bestand 1974 aus einer Film-, einer Polaroid- und einer kleinen Minoxkamera. Noch vor dem Reiseantritt hatte ich zwei Polaroidfotos von der in ihrem Buch abgebildeten Scheibe angefertigt. Ich zeigte sie bei jeder Gelegenheit, die sich mir bot, und fragte, ob man in China dergleichen schon einmal gesehen habe. Hätte ich nicht zufällig im Panpo-Museum diese ähnlich aussehende Scheibe entdeckt, dann hätte mir niemand in ganz China darüber Näheres erzählen können.«
Autor:
»Sie selbst hatten aber vorher alle Hebel in Bewegung gesetzt, um überhaupt an diese Fundstücke heranzukommen. Wie sind Sie damals mit dem österreichischen Botschafter in der Volksrepublik bekannt geworden?«
Ing. Wegerer:
»Unsere Reisegruppe bekam schon am ersten Tag unserer Ankunft in Peking eine Einladung von der österreichischen Botschaft. Am zwei-

ten Abend unseres Peking-Aufenthaltes wurden wir von dem – leider bereits verstorbenen – Botschafter Dr. Leitner und seiner Frau in den Botschaftsräumen empfangen. Es war der 11. November 1974. Mit dabei war damals auch ein hoher Beamter des chinesischen Kulturministeriums, ein älterer Herr, den ich mit Hilfe eines Dolmetschers nach dem Verbleib dieser Steinscheiben fragte. Der Chinese hatte von dem Fund noch nie etwas gehört, schon gar nicht eine solche Scheibe jemals gesehen. Er stellte mir aber in Aussicht, sich zu bemühen, mir bei der Suche behilflich zu sein.«

Auch Herr Wegerer hatte 1974 zunächst nicht mehr Glück, als ich das zwei Jahre früher gehabt hatte: Sein Versuch, Zutritt in das zur Akademie der Wissenschaften gehörende Museum für Altertümer zu erhalten, schlug gleichfalls fehl. Man teilte ihm damals mit, das Museum sei während der Wintermonate geschlossen. Immerhin versuchten ihn seine Gastgeber mit dem Hinweis zu trösten, er würde während der bevorstehenden Fünftausend-Kilometer-Reise, quer durch die Volksrepublik China, ganz sicher auch das zu sehen bekommen, was ihm so sehr am Herzen lag.

Der Österreicher sah in der Folge tatsächlich noch zahlreiche ähnliche Scheiben bei verschiedenen Museumsbesuchen, doch keines dieser Artefakte war aus Stein. Sie bestanden ausnahmslos aus grünem Jade. Herr Wegerer war ein scharfer Beobachter. Er berichtet:

»Ich achtete nicht so sehr auf den Rand und auf die Verzierungen der einzelnen Scheiben, sondern mehr auf deren Mittelteil. Ich kontrollierte genau, ob darauf etwas Ähnliches wie eine Rillenschrift zu erkennen war, aber bei keiner der rund einhundert Jade-Scheiben, die ich zu sehen bekam, konnte ich irgendeine Spur davon sehen.«

Dabei hatte Ingenieur Wegerer ausgesprochenes Glück. Seine Frau und er wurden während der mehrwöchigen Reise durch China von zwei tüchtigen Dolmetschern begleitet. Herr Lo und Herr Sun waren graduierte Akademiker, und beide waren bemüht, die Wünsche des österreichischen Amateurforschers zu erfüllen.

Autor:

»Wie reagierten die beiden Dolmetscher auf Ihren Wunsch, jene Steinscheiben zu sehen?«

Ing. Wegerer:

»Sie nahmen die Geschichte zunächst nicht sehr ernst, zögerten auch mit einer Antwort. Wahrscheinlich haben sie sich mit ihren überge-

ordneten Stellen beraten und besser orientiert. Jede meiner Fragen wurde peinlich genau notiert, und später meinten Lo und Sun zur Steinscheiben-Story, diese Idee sei absurd. Aber ich war hartnäckig und bestand darauf, überall wo wir hinkommen würden, auf solche oder auch nur ähnliche Artefakte aufmerksam gemacht zu werden.«
Autor:
»Als Sie schließlich im Panpo-Museum von Xian diese Scheiben entdeckten, wie haben da Ihre beiden Dolmetscher reagiert?«
Ing. Wegerer:
»Sie reagierten beide sonderbar, und wir führten nachher noch ein sehr langes Gespräch, auch als wir Xian schon längst hinter uns gelassen hatten.«
Autor:
»Ihre Begleiter waren inzwischen über die Vorgeschichte der Steinscheiben durch Sie informiert worden?«
Ing. Wegerer:
»Ja, und beide fanden das alles höchst seltsam. Es war ihnen aufgefallen, daß auch die Museumsdirektorin, die uns durch das Panpo-Museum geführt hatte, keinerlei Auskunft über die wahre Identität der Steinscheiben geben konnte.«
Dieses Detail in den Ausführungen meines Gesprächspartners verdient besondere Beachtung. Es war nämlich nicht so, daß die österreichische Reisegruppe, die am 15. November 1974 das Panpo-Museum in Xian besucht hatte, über die einzelnen ausgestellten Artefakte in den Vitrinen uninformiert geblieben ist.
Im Gegenteil: »Über jede einzelne Tonscherbe, über ihre Herkunft und Verwendung, wurden wir von der Museumsdirektorin genauestens unterrichtet«, erinnert sich Ingenieur Wegerer. »Sie wußte alles über das Alter dieser archäologischen Funde, so etwa das einer Beinnadel aus dem Jahr 5850 v.u.Z. Als ich aber noch einmal eindringlich um Auskunft über die Steinscheiben bat, verschanzte sie sich hinter der Feststellung, diese Gegenstände müßten irgend etwas mit der Tonwarenerzeugung zu tun haben, sonst würden sie sich nicht in der Tonwarenabteilung des Museums befinden.«
Autor:
»Handelte es sich also um Tonscheiben?«
Ing. Wegerer:
»Auf keinen Fall. Ton, ob gebrannt, ungebrannt oder nur getrocknet,

ist auszuschließen. Diese Scheiben bestanden eindeutig aus einer Gesteinsart. Ich bin zwar kein Geologe, doch würde ich sagen, daß es sich vielleicht um Marmor handelte. Die graue Farbe der Scheiben ließ darauf schließen.« Zwar wurde es dem Österreicher damals untersagt, den Gegenstand seiner Wißbegier in die Hand zu nehmen, doch durfte er eine der Scheiben berühren. Dabei stellte er fest: Sie war hart wie Stein. Natürlich wollte ich auch wissen, wie schwer diese Steinscheibe ungefähr war.

Ing. Wegerer:

»Ich habe nicht danach gefragt, kann also ihr Gewicht nur schätzen. Ich würde sagen, es war eine massive Scheibe, etwa ein Kilo schwer.«

Immerhin war man im Panpo-Museum nach der offiziellen Führung durch die einzelnen Räume meinem Gesprächspartner gegenüber so entgegenkommend, die Scheibe aus der Vitrine herauszunehmen und auf einen Tisch zu legen. Im übrigen waren weder die Vitrinen mit der Steinscheibe noch die anderen Schaukästen in dem Museum beschriftet. Hinweise habe es nur unter den Landkarten, auf denen die Einzugsgebiete der verschiedenen Kulturschichten ausführlich beschrieben waren, gegeben, erklärte mir Herr Wegerer.

Ein Blick auf die Landkarte Chinas erscheint mir ebenfalls aufschlußreich. Xian liegt nahe jenem Gebiet, in dem die Steinscheiben angeblich entdeckt wurden. Die Stadt grenzt an die Ausläufer von Bayan Kara Ula, und auch die Museumsdirektorin hatte ausdrücklich darauf hingewiesen, daß hier das älteste Kulturgebiet des Landes – sozusagen die Wiege chinesischer Vorgeschichte – angesiedelt sei.

Ingenieur Wegerer wurde außerdem noch eine in drei Teile zerbrochene Scheibe, die er bei der Besichtigung nicht zu sehen bekommen hatte, gezeigt. Dieses Artefakt, das ebenfalls aus Stein zu sein schien, werde noch genauestens untersucht, dann erst restauriert, erklärte man ihm.

Autor:

»Wenn ich Ihr Erlebnis in Xian zusammenfasse: Wie stehen Sie emotional zu der Steinscheiben-Erzählung? Wie beurteilen Sie heute diese Story?«

Ing. Wegerer:

»Sie wissen, wie vorsichtig ich mich gerade Ihnen gegenüber verhalten habe. Ich erzählte Ihnen im Sommer 1975, nachdem wir uns bei einem Ihrer Vorträge kennengelernt hatten, von dieser Sache. Damals sagten

Sie mir spontan, ich müßte Ihnen die Fotos mit den Steinscheiben unbedingt zeigen. Seither sind mehrere Jahre vergangen. Sie merken also, wie lange ich gezögert habe, Ihnen diesen Wunsch zu erfüllen. In all den Jahren mußte ich mir erst klarwerden, ob ich einer Veröffentlichung meiner Unterlagen zustimmen kann. Als wir uns beim letzten AAS-Kongreß in Wien wiedersahen, faßte ich den Entschluß, die Entscheidung über die Verwendbarkeit meines Materials Ihnen zu überlassen. Was die mögliche Realität der Steinscheiben-Story aus Bayan Kara Ula betrifft, möchte ich sagen, daß sie zweifellos zu jenen Dingen gehört, die es wert sind, mit Akribie untersucht zu werden. Es könnte alles so gewesen sein...«

Diese faszinierende Erzählung aus China wird Ablehnung oder begeisterte Zustimmung finden. Mir selbst erscheint sie durchaus realistisch, und es wäre falsch, alle Geschehnisse rund um die Steinscheiben als haltlose Gerüchte abzutun. Gerüchte sind in der Regel oberflächlich; sie verpuffen zumeist bei genauerer Überprüfung. Nicht so diese Geschichte. Darin gibt es einerseits zu viele konkrete Anhaltspunkte, andererseits zu viele Widersprüche. Daß die Recherchen darüber so schwierig geraten, liegt im wesentlichen an den Ereignissen, die in den Jahren seit 1938 über China hereingebrochen sind: der Zweite Weltkrieg, danach die Machtübernahme Maos, schließlich die Wirren der Kulturrevolution. Wir wissen nicht, wer in dieser Zeit seine Position eingebüßt hat und wie viele Wissenschaftler aus ihren Labors vertrieben worden sind. Schon gar nicht kann man heute feststellen, was mit den einzelnen historischen und prähistorischen Funden geschehen ist.

Die wenigen Nachrichten, die über Chinas hermetisch abgeriegelte Grenze ins Ausland gedrungen sind, konnten nicht überprüft werden. Und auch später, als endlich wieder ausländische Besucher die Volksrepublik bereisen durften, war es einfach unmöglich, an jene Leute heranzukommen, die in der Lage gewesen wären, verbürgte Auskünfte zu geben.

Gesamturteile sind problematisch. Manche Besserwisser werden die Existenz der rätselhaften Steinscheiben weiterhin in Frage stellen, weil bekanntlich nicht sein kann, was nicht sein darf. Daran ist leider nichts zu ändern. Ich selbst hingegen bin nunmehr davon überzeugt, die so lang gesuchte heiße Spur gefunden zu haben.

Meine Fata Morgana zeigt endlich Konturen...

X. Chinesen flogen zum Mond

»Es gibt fliegende Untertassen...« – Mißlungener Raketenstart – Die ersten Astronauten Chinas – Der »magische Bogen« – Hou Yis Mondlandung – Ein Schiff, das zwischen den Sternen hing – »Göttliche Herrscher« vor 18 000 Jahren? – Universelles Wissen aus dem All?

»Am 24. Juli gegen 23.20 Uhr sahen wir plötzlich einen Stern am nördlichen Himmel, der so groß war wie der Mond«, lauteten die Anfangszeilen eines Briefes, den der Tabakbauer Tian Jingfu aus der südchinesischen Provinz Guizhou im August 1981 an die lokale Wissenschaftszeitung gerichtet hatte. Das Objekt habe ausgesehen wie eine helle, spiralförmig rotierende Scheibe, die nach einiger Zeit einen zusätzlichen Schweif bekommen habe, dessen gelbe, blaßgrüne und rote Lichterscheinungen sich ebenfalls um die Achse des »Sterns« gedreht hätten. Erst nach fünf Minuten sei das unbekannte Flugobjekt wieder aus dem Gesichtsfeld des erstaunten Betrachters verschwunden. Der starke Lichtschein habe sogar die dichten Wolken am Horizont durchdrungen, hieß es weiter in dem Schreiben des Landarbeiters.
Die chinesische Nachrichtenagentur »Neues China« veröffentlichte den Brief und wußte zusätzlich zu vermelden, daß diese Erscheinung auch in anderen Provinzen im Südwesten und Norden der Volksrepublik gesichtet worden war.
Berichte dieser Art haben der UFO-Forschung in China starken Auftrieb gegeben. In der Redaktion der einzigen offiziellen Zeitschrift des Landes, die sich mit grenzwissenschaftlichen Phänomenen befaßt – »The Journal of UFO-Research« –, melden sich seitdem immer

wieder Menschen, die behaupten, eine »Nahbegegnung dritter Art« – wie der amerikanische UFO-»Papst« Professor J. Allen Hynek den direkten Kontakt Irdischer mit Außerirdischen bezeichnet – gehabt zu haben. Meine chinesischen Freunde Zhu Fu-zheng und Shi Bo berichteten mir von dem seltsamen Erlebnis zweier Soldaten eines Militärlagers in der Provinz Yunnan im Jahr 1975. Die beiden hatten Nachtwache und wurden unerwartet mit einem riesigen orangefarbenen Objekt konfrontiert, das plötzlich über ihnen am Himmel stand und die Umgebung des Militärlagers grell erleuchtete.

Der eine Soldat verließ seinen Posten, um den Vorfall zu melden. Als er zu seinem Kameraden zurückkehrte, war dieser spurlos verschwunden. Eine großangelegte Suchaktion verlief ergebnislos. Erst Stunden später wurde der vermißte Soldat gefunden.

Erstaunt bemerkten seine Kameraden, daß dem Mann inzwischen die Kopf- und Barthaare so stark nachgewachsen waren, als habe er sich wochenlang nicht rasiert. Der Soldat vermochte allerdings nicht zu sagen, wo er in den paar Stunden gewesen war. In seiner Erinnerung klaffte eine totale Gedächtnislücke. War er von der UFO-Besatzung entführt und auf eine längere Reise, quer durch Raum und Zeit, mitgenommen worden? Hatte man den Chinesen, wie es auch anderen Erdenbürgern schon passiert sein soll, anatomisch untersucht und sein Erinnerungsvermögen durch eine Art hypnotische Sperre blokkiert?

Meine Freunde in China halten diese Version für möglich und unterstützen die Meinung Zhang Qiaos, der in der UFO-Zeitschrift eine Bilanz seiner umfangreichen Studien zog, die von der Lektüre biblischer Augenzeugenberichte bis zur Beobachtung von Zeitgenossen reichen. »Es gibt fliegende Untertassen, sie werden von intelligenten Lebewesen kontrolliert und sind keine irdischen Produkte«, behauptet Zhang Qiao.

Gibt es Anzeichen dafür, daß es Begegnungen mit UFOs auch schon in Chinas ferner Vergangenheit gegeben hat?

Die gibt es tatsächlich. Legendär überlieferte Berichte bestätigen diese kühne Behauptung.

Doch bleiben wir vorerst bei den historischen Unterlagen. Sie beweisen, daß es bereits vor mehr als 480 Jahren den ersten Raumfahrtversuch im Reich der Mitte gegeben hat. Findige Reporter einer chinesischen Lokalzeitung entdeckten 1981 in einem Archiv Aufzeichnun-

gen über jenes denkwürdige Ereignis, das fast fünf Jahrhunderte vor dem ersten Weltraumflug Juri Gagarins stattfand. Der chinesische Gelehrte Wan Hu hatte im Jahr 1500 versucht, sich mit 47 an einem Stuhl befestigten Raketen ins Weltall zu schießen. Auf die Erde wollte er mit Hilfe eines riesigen Papierdrachen zurückkehren.
Leider ging die Sache schief: Bei der Zündung explodierten die Raketen und töteten Wan Hu auf der Stelle. Zur Erinnerung an diesen experimentierfreudigen Gelehrten wurde später ein Krater auf der Rückseite des Mondes »Wan Hu« genannt.
Ein derart primitiver Versuch mit Feuerwerkskörpern konnte ja nicht gutgehen. Dieses Beispiel zeigt, wieviel Wissen den Chinesen des Mittelalters seit ihrer prähistorischen Vergangenheit verlorengegangen ist. Immerhin waren es die Vorfahren Wan Hus, die vor rund 4000 Jahren den Mond betreten haben dürften.
Zugegeben, das klingt unwirklich, aber wie anders sollte man den Inhalt jener Legende deuten, die von dem Bogenschützen Hou Yi und seiner Frau Chang E berichtet. Die Geschichte von Chang E und ihrem Flug zum Mond ist jedem Chinesen vertraut und ist ein Thema, das Dichter immer wieder in Verse gefaßt haben. Hou Yi und Chang E gehören darüber hinaus zu den bekanntesten Gestalten der chinesischen Mythologie.
Die beiden lebten während der Herrschaft des legendären Kaisers Yao. Eine Version der Sage, die zumindest seit der Periode der Kämpfenden Reiche (480–249 v. u. Z.) im Umlauf ist, beschreibt, daß zu Zeiten Yaos zehn Sonnen den Himmel bedeckten. Ihre Hitze versengte die Felder, vernichtete die Ernte, und die Menschen litten furchtbare Qualen. Bestien und wilde Vögel flohen die ausgetrockneten Gewässer und glühenden Wälder und fielen über die Menschen her.
Da erbarmten sich die Unsterblichen der leidenden Irdischen. Der Himmelskaiser entsandte den Meisterschützen Hou Yi, damit er Yao helfe, die Ordnung auf der Erde wiederherzustellen. Hou Yi besaß damals bereits einen besonderen Ruf. Er konnte nämlich fliegen und ernährte sich ausschließlich »von Blumen«. Als Waffe besaß er einen »magischen Bogen«. Dieser Bogen war rot, die Pfeile hingegen weiß, und sie waren Hou Yi vom Himmelskaiser gegeben worden.
Der Meisterschütze machte sich zum Kampf bereit. Er schritt in die Mitte des Platzes, nahm Pfeil und Bogen und zielte auf die grausamen

Sonnen. Pfeil um Pfeil schoß er ab, schließlich stürzten neun der zehn Sonnen auf die Erde.

In einer anderen Sagenfassung soll Hou Yi einen »Himmelsvogel« bestiegen haben, um mit diesem »mitten in den unendlichen Horizont« zu fliegen. »Von dort aus war er nicht mehr imstande, den Lauf der Sonne zu verfolgen«, heißt es in der Überlieferung.

Zweifellos gibt es in diesen Texten wichtige Anhaltspunkte, die auf eine hochentwickelte Technologie in jener Zeit schließen lassen. Etwa der Hinweis, Hou Yi lebe ausschließlich »von Blumen«.

Heute wissen wir, daß man in den Raumfahrtzentren der USA und der Sowjetunion ernsthaft daran arbeitet, die Ernährungsfrage für künftige Raumflüge zu sehr weit entfernten Planeten (etwa zum Mars) rationell, und zwar mit Hilfe eßbarer Algenkulturen, zu lösen. Ob in dem legendären Bericht mit der poetischen Umschreibung »Blumen« vielleicht dasselbe gemeint war?

Beachten wir auch die Behauptung, Hou Yi habe sich mit einem »Himmelsvogel« erhoben, und dieser habe ihn »mitten in den unendlichen Horizont« geführt. Handelte es sich bei diesem Gefährt um ein vorgeschichtliches Flugzeug, um eines jener altchinesischen »Feichis«, die mit einer »brennend heißen Flüssigkeit« angetrieben wurden? Könnte es vielleicht nicht doch so gewesen sein, daß der Pilot eine Himmelsreise antrat, die ihn weit über die Stratosphäre hinaus in den Kosmos führte, wo es ihm freilich nicht mehr möglich war, den Lauf der Sonne (wie er ihn nur auf der Erde beobachten konnte) zu verfolgen? Kaiser Yao war mit seinem Beschützer zufrieden. Hou Yi hatte ihn von neun verderbenbringenden »Sonnen« befreit, und es bleibt offen, was sich hinter diesen Hitzestrahlern in Wahrheit verbarg. Vielleicht eine furchtbare Waffe? Dafür spricht der Hinweis, der Himmelskaiser habe Hou Yi Bogen und Pfeile zur Verfügung gestellt. Ein weiterer, noch deutlicherer Anhaltspunkt weist darauf hin, es habe sich um einen »magischen Bogen« gehandelt.

»Magisch« war früher alles, was nicht herkömmlichen Normen entsprach. Im Mittelalter wurden nicht wenige harmlose Naturheiler als böse Zauberer und Hexen auf dem Scheiterhaufen verbrannt, weil ihre wahren Fähigkeiten verkannt wurden. Auch zu Yaos Zeiten wurden Menschen mit geheimnisvollen Fähigkeiten nicht unbedingt verehrt: Die Sage erzählt, Hou Yi habe den Neid der Unsterblichen erregt, weil ihn die Menschen liebgewonnen hatten. Die Außerirdischen verleumdeten den Meisterschützen beim Himmelskaiser, und dieser entzog ihm seine Gunst. Hou Yi wurde für immer auf die Erde verbannt. Mag sein, daß den technisch versierten Mann, der nun Kaiser Yao als Ingenieur diente, die Sehnsucht nach den Sternen übermannte. Wir erfahren von der Absicht Hou Yis, eine Mondreise zu unternehmen. Erstaunt lesen wir, daß er sich zunächst von seinem »Himmelsvogel« genauestens darüber instruieren ließ, zu welcher Zeit die Sonne aufgehen, den Zenit erreichen und wann sie untergehen würde. Fast kommt man in Versuchung, aus diesen Andeutungen die Auskunft eines Bordcomputers herauszulesen, der vor Flugbeginn entsprechend programmiert worden war.

Hou Yi scheint die Informationen bekommen zu haben. Er bestieg – so der Legendentext – seinen »Himmelsvogel«, um damit ins All zu starten.

Besaßen die Chinesen der Vorzeit bereits Raumschiffe? Transporter, mit denen es ihnen möglich war, wieder zur Erde zurückzukehren?

Es scheint so gewesen zu sein. Wie sonst sollte man die Schilderung interpretieren, wonach Hou Yi auf einem »Strom aus leuchtender Luft« gen Himmel fuhr? Ein Strom aus leuchtender Luft? War damit der Düsenstrahl gemeint, auf dem sich das Raumschiff des kaiserlichen Hofingenieurs in die Lüfte erhob? Vieles spricht dafür. Jedenfalls landete Hou Yi – Neil Armstrong mag sich ärgern, nicht der erste gewesen zu sein – tatsächlich auf dem Mond und bestaunte dort »den wie zu Eis erstarrten Horizont«. So steht es in dem Legendentext und vermittelt uns ein überaus plastisches Bild von der Mondoberfläche, wie wir sie ja inzwischen via TV kennengelernt haben.

Nachdem Hou Yi die Umgebung seines Landeplatzes erkundet hatte, begann er, den »Palast Große Kälte« zu errichten. Wobei die Bezeichnung »Große Kälte« deutliche Hinweise auf die klimatischen Verhältnisse des Erdtrabanten zuläßt. So entstand also die erste Mondbasis – lange vor der Landung der US-Astronauten.

Auch Hou Yis Ehefrau Chang E soll sich mit geheimnisvollen Wissenschaften beschäftigt haben. Mehr darüber erfahren wir in zwei Schriftwerken der westlichen Han-Dynastie (206 v. u. Z.–9 u. Z.): im »Shanhaijing«, dem »Buch der Berge und Flüsse«, und im »Huainanzi«, einer Sammlung philosophischer, historischer und wissenschaftlicher Artikel, die von dem Prinzen Nan von Huai aufbewahrt wurden und der Nachwelt erhalten geblieben sind.

Auch Chang E, die gemeinsam mit ihrem Mann die Gunst des Himmelskaisers verloren hatte und allein auf der Erde zurückgeblieben war, gelüstete es, zum Mond zu fliegen. Ihre Reise ins All wird in mehreren Versionen beschrieben. Dem »Huainanzi« zufolge tat es Hou Yi leid, daß Chang E seinetwegen das Leben einer Sterblichen führen mußte. Deshalb wandte er sich an die Königinmutter des Westens und erbat von ihr ein Elixier der Unsterblichkeit. Seine Hoffnung, die Sehnsucht Chang Es nach der Unendlichkeit des Weltalls auf diese Weise zu stillen, erfüllte sich jedoch nicht. Es wird berichtet, sie sei des harten und langweiligen irdischen Lebens überdrüssig geworden. Als Hou Yi eines Tages abwesend war, schluckte Chang E den ganzen Zaubertrank und startete ebenfalls mit einem »Himmelsvogel« in Richtung Mond.

Eine andere Version der Legende liefert stichhaltigere Gründe für den spontanen Entschluß der Wissenschaftlerin, die Erde zu verlassen. Der berühmte chinesische Dichter Qu Yuan (er lebte im 3. Jahrhundert v. u. Z.) schildert in seinem Epos »Fragen an den Himmel«, daß Hou Yi seine Gemahlin mit einer anderen Frau betrog. Wie auch immer: Chang E beschloß, künftig allein auf dem Mond zu leben. Sie vergrub sich in ihre Forschungen, doch erwähnt die Legende, sie habe sich auch fortan nach der Gesellschaft der Menschen gesehnt.

Für uns interessant ist die Beschreibung, die Chang E vom Aussehen des Mondes übermittelte. Sie bezeichnete den Himmelskörper als »leuchtende, wie Glas schimmernde Kugel von gewaltiger Größe und beträchtlicher Kälte«. Treffender kann man auch heute den Erdtrabanten nicht beschreiben.

Die Berichte über Hou Yi und Chang E sind zwei Artikeln der internationalen chinesischen Zeitschrift »China im Aufbau« entnommen: Der englische Beitrag »Opening the Gates of Heaven« (Autor Chih Fei) erschien im August 1961, der deutschsprachige Text »Der Bogenschütze Hou Yi und die Mondfrau Chang E« (von Wei Tang) im November 1982.

Chang E und Hou Yi werden auch in anderen Überlieferungen erwähnt. Es handelt sich dabei um Erzählungen, die zwar im 4. Jahrhundert entstanden sind, die aber weit älteren Quellen entnommen wurden. In diesen Texten wird berichtet, das raumfahrende Ehepaar sei die Route Erde-Mond-Erde etliche Male geflogen.

Eine Legende, in die Aufzeichnungen aus jener Zeit Eingang gefunden haben, schildert plastisch:

> »*In der Nacht erschien ein riesiges Schiff mit hellen Lichtern draußen auf dem Meer. Diese Lichter wurden während des Tages gelöscht. Das Riesenschiff hatte auch die Fähigkeit, zum Mond und zu den Sternen zu fliegen, daher sein Name ›Ein Schiff, das zwischen den Sternen hängt‹ oder ›Das Schiff zum Mond‹.*«

Auch diese Sage wurde im August 1961 in der Zeitschrift »China im Aufbau« veröffentlicht. Der Artikel schließt mit dem Hinweis, das fliegende Raumschiff sei von Chinas Einwohnern zwölf Jahre lang bei seinen Auf- und Abstiegen beobachtet worden.
Es stellt sich die Frage, woher die Chinesen damals ihr Raumfahrtwissen und ihre technologischen Kenntnisse erhalten haben. Antwort darauf geben die einzelnen mythischen Erzählungen. Mehrmals wird darin erwähnt, China sei in weit zurückliegender Vergangenheit 18 000 Jahre lang von einem geheimnisvollen Geschlecht »göttlicher Herrscher« regiert worden.
Wer waren diese »göttlichen« Herrscher? Wohl kaum irdische Wesen. Für »göttlich« wurden auf dieser Erde seit jeher Menschen mit übernatürlichen Fähigkeiten angesehen. Übernatürlich aber war für primitivere Zeitgenossen stets das, was sie mit ihren fünf Sinnen nicht erfassen konnten. Da ich aber die Existenz von »Geistwesen«, die sich höchst handfester Utensilien bedienten, nicht akzeptieren kann, ist es wohl nicht unrealistisch, an körperliche Lebensformen zu glauben. Die jedoch waren nicht über-, sondern vielmehr *außer*irdisch!
Was zur Annahme berechtigt, daß einst Astronauten aus anderen Welten und von fremden Gestirnen den Chinesen ihre Aufwartung gemacht haben müssen und sie mit außerirdischem Wissen, mit fremden Sitten (und wohl auch Unsitten) beglückten. Um wen es sich dabei gehandelt haben könnte, läßt sich, solange es keine schriftlichen Unterlagen gibt, die historisch verbürgt sind, nicht mehr feststellen. Wir müssen uns mit legendären Überlieferungen begnügen, die besagen, daß die kulturelle Entwicklung des alten China mit der Ankunft der »drei Erhabenen« (San-huang) ihren Anfang nahm. Sie werden als »göttliche Sendboten« bezeichnet. An ihrer Spitze stand Fu-hsi. Ihr Wirken auf der Erde kann zeitlich nicht mehr bestimmt werden.

Den San-huang folgten die »fünf Kaiser« (Wu-ti). Ihre Existenz kann bereits mit Jahreszahlen bewiesen werden. Huang-ti, der mythische Gelbe Kaiser, regierte von 2674 bis 2575 v. u. Z. Ihm folgten Chuan-hsü (2490–2413 v. u. Z.), K'u (2412–2343 v. u. Z.) sowie der legendäre, bereits erwähnte Kaiser Yao (2333–2234 v. u. Z.). Herrscher Nummer fünf war schließlich Shun. Seine Regierungszeit, die 2233 begonnen hatte, endete im Jahr 2184 vor der Zeitenwende.

Den historisch nicht nachweisbaren »Himmelssöhnen«, die in mehreren Legenden ausdrücklich als »Irdische« (im Gegensatz zu den »drei Erhabenen«) bezeichnet werden, schlossen sich die sogenannten »Erbdynastien« an.

Geschichtlich verbürgt sind:

- die Shang-Dynastie (etwa 15.–11. Jahrhundert v. u. Z.),
- die Chou-Dynastie (11. Jahrhundert – 249 v. u. Z.);
- die Hia-Dynastie (etwa 2000 bis 1520 v. u. Z.) gilt als legendär.

Die tatsächliche Existenz der Shang-Dynastie wurde erst durch Ausgrabungen in den Jahren 1927 bis 1938 bei Anyang in der Provinz Hunan geschichtlich bestätigt. Hinweise auf die Regierungszeit der sagenhaften Shang-Kaiser hatte zwar schon der Chronist Ssu-ma Ch'ien im Buch »Shih-chi« geliefert, doch wurden diese von den Historikern ins Reich der Märchen und Legenden verbannt. Ich bin davon überzeugt, daß in absehbarer Zeit auch Spuren der Hia-Dynastie gefunden werden.

Man kann davon ausgehen, daß das gewaltige Wissen späterer Generationen im Reich der Mitte ein Erbe der Begründer der chinesischen Hochkultur war. Doch die damalige Oberschicht degenerierte, und nur noch der kaiserliche Obertitel »Himmelssohn« erinnerte an jene Kulturheroen im Dämmerlicht der Vorzeit, die als »Söhne des Himmels« tatsächlich kosmisches Wissen an ihre irdischen Nachkommen vererbten. Daß dieses kosmische Wissen vorhanden war, beweisen die Kenntnisse der altchinesischen Gelehrten über das Entstehen und den Aufbau des Universums. Sowohl im Buch »Huainanzi« als auch in der Schriftquelle »Lung Hang« wird der Schöpfungsverlauf in durchaus modernen Gedankengängen erklärt. Demnach entstanden die Welten aus verdichteten Wirbeln der Urmasse, was unseren heutigen Anschauungen über die Bildung von Milchstraßensystemen durchaus entspricht.

Es ist noch gar nicht so lange her, seit das Dogma, die Erde sei eine Scheibe, über die sich der Himmel spanne, endgültig ad acta gelegt wurde. Die Sterne am Nachthimmel hielt man im dunklen Mittelalter für Löcher in der Himmelsdecke, durch die Licht aus dem Paradies hindurchschimmere. Aber bereits vor mehr als 1800 Jahren wußte es ein weiser Chinese besser. Chang Heng ließ wissen, daß die Erde einem Ei gliche, wenn man sie aus dem Weltall betrachte. Eine Erkenntnis, die sich inzwischen als realistisch herausgestellt hat.
Verwundert fragt man sich, woher dieses Wissen den altchinesischen Gelehrten zuteil geworden ist. Beispielsweise liest man im »Hsuan Yeh« des Chi Meng, die blaue Farbe des Himmels sei eine optische Täuschung, und es sei auch gewiß, daß Sonne, Mond und Sterne frei im Weltraum schwebten und nicht – wie dies noch unsere Vorfahren annahmen – am Himmelszelt befestigt seien. Diese Erkenntnis reicht Tausende Jahre in die Vergangenheit zurück, denn bereits vor bald 4600 Jahren verkündete der Gelehrte Chi Po, die Erde sei kugelförmig und schwebe schwerelos im Raum. Der Philosoph Teng Mu, er lebte während der Sung-Dynastie, kleidete sein Wissen in ein poetisches Gleichnis, das besagte: »Der leere Raum ist wie ein Königreich, und Himmel und Erde sind nichts weiter als einzelne Menschen innerhalb des Königreiches. An einem Baum befinden sich Früchte, und in einem Königreich leben viele Menschen. Wie unvernünftig wäre es, wenn man annähme, daß es neben Himmel und Erde keine weiteren Himmel und keine weiteren Erden geben könnte.«
Dieses Resümee des chinesischen Philosophen war, davon bin ich überzeugt, keine aus dem Nichts heraus geborene Schlußfolgerung. Es wurde Generationen von Wissenschaftlern im alten Kaiserreich weitergegeben und geht wahrscheinlich auf den Erfahrungsschatz der »Söhne des Himmels« zurück. Dazu gehören auch die großartigen astronomischen Kenntnisse der Chinesen. 1968 wurde in einem Kommentar anläßlich der Astrophysikalischen Konferenz in Houston darauf hingewiesen und betont: »Alle Angaben über Novä der letzten dreitausend Jahre stammen in erster Linie aus chinesischen Quellen.« Ausdrücklich erwähnt wurde bei dieser Konferenz jene Supernova im Sternbild des Stiers, die im Jahr 1054 von chinesischen Astronomen entdeckt wurde. Lediglich die Aufzeichnungen aus Kaifeng und Peking hatten damals jenen Stern angeführt, dem später einmal der Astronom Walter Baade seinen Namen geben sollte.

Woher aber kamen die geheimnisvollen Gelben Götter, Chinas »Söhne des Himmels«?

In dem Legendentext, der die Inthronisation Yaos beschreibt, erfahren wir, »die fünf Weisen«, von denen er als Kaiser eingesetzt worden war, seien nach den rituellen Festlichkeiten ins All zurückgeflogen. Wörtlich heißt es: »Die fünf Weisen der fünf Planeten sind wie strömende Sterne emporgeflogen, um in die *Plejaden* einzutreten.«

Ist das ein Fingerzeig auf die Urheimat der Gelben Götter? Vielleicht erhalten wir eines Tages Antwort auf diese Frage. Daß für die Bevölkerung mit der Herrschaft der rätselhaften Fremden eine glückliche Zeit anbrach, können wir mit Sicherheit annehmen.

Heute noch besitzen die Pai – eine chinesische Volksgruppe, die in der Provinz Yunnan lebt – Überlieferungen aus jenen fernen Tagen. Bei ihren religiösen Feiern singen sie uralte Verse, in denen die entschwundene Zeit heraufbeschworen wird. Darin heißt es:

> *»Einst konnten die Felsen wandeln,*
> *das ist wahr und keine Lüge.*
> *Damals war Frieden in der ganzen Welt,*
> *glaubst du, was ich sage?*
> *Damals war Frieden in der ganzen Welt,*
> *ich glaube, was du sagst.*
> *Damals gab es weder Reiche noch Arme,*
> *glaubst du, was ich sage?*
> *Damals gab es weder Reiche noch Arme,*
> *ich glaube, was du sagst.*
> *Damals lebten die Menschen jahrhundertelang,*
> *glaubst du, was ich sage?*
> *Damals lebten die Menschen jahrhundertelang,*
> *ich glaube, was du sagst.«*

Danksagung

Last not least möchte ich allen danken, die mir bei meiner Arbeit mit Rat und Tat behilflich waren. Um dieses Buch zu schreiben, bedurfte es vieler Detailinformationen. Jeder hier Erwähnte hat zum Gelingen dieses Werkes beigetragen:

Anny Baguhn, Ufologin
Dr. Wilfried Gredler, Botschafter i. R.
Reinhard Habeck, Illustrator
Dr. Gerd Kaminski
Wilhelm Lechner, Bibliothekar, † 1982
Dr. Joseph Needham, Prähistoriker
Manfred Obermayer, Übersetzer
Margarete Schneider, Übersetzerin
Anny und Karl Veit, Ufologen
Major Colman S. VonKeviczky, Ufologe
Wang Shu, Botschafter der VR China in Wien
Maria und Ernst Wegerer
Dr. Udo Weiss
Wen-xia Liu, Übersetzerin
Dr. Wolfgang Wolte, österreichischer Botschafter in Peking
Prof. Xia Nai, Archäologe

Besonderer Dank gebührt dem Verlag sowie meinem chinesischen Freund Zhu Fu-zheng, dem stellvertretenden Chefredakteur der Zeitschrift »The Journal of UFO-Research«, der für dieses Buch das Vorwort »Glücksrede« geschrieben hat.

Peter Krassa

Literaturverzeichnis

Baar, Adrian (Hg.): Sagen aus China, Frankfurt 1980
Breuer, Hans: Kolumbus war Chinese, Frankfurt 1970
Chih Fei: Opening the Gates of Heaven (in: »China Reconstructs«), Peking 1961
Christie, Anthony: Chinesische Mythologie, Wiesbaden 1968
Cotterell, Arthur/Yong Yap: Das Reich der Mitte, Bern/München 1981
Dopatka, Ulrich: Lexikon der Prä-Astronautik, Düsseldorf 1979
Drake, W. Raymond: Spacemen in the Ancient East, London 1965
Eberhard, Wolfram: Monumenta Serica – die Lokalkulturen des Südens und Ostens, Peking 1942
Ferguson, J. C.: Chinesische Mythologie, New York 1964
Grimal, Pierre (Hg.): Mythen der Völker (II), Frankfurt 1967
Guter, Josef (Hg.): Chinesische Märchen, Frankfurt 1973
Hennig, Richard: Beiträge zur Frühgeschichte der Aeronautik (in: »Jahrbuch des Vereines deutscher Ingenieure«, Band 8), Berlin 1918
– Zur Vorgeschichte der Luftfahrt (in: »Jahrbuch des Vereines deutscher Ingenieure«, Band 18), Berlin 1928
Kohlenberg, Karl F.: Enträtselte Vorzeit, München 1970
Kolosimo, Peter: Sie kamen von einem anderen Stern, Wiesbaden 1969
– Woher wir kommen, Wiesbaden 1972
Krassa, Peter: Als die Gelben Götter kamen, München 1973
– Gott kam von den Sternen, Freiburg im Breisgau 1974
– Die »Söhne des Himmels« (in: »Neue Beweise der Prä-Astronautik«), Rastatt 1979
– Hijos del Cielo (in: »Las Huellas de los Dioses«), Barcelona 1980
– Feuer fiel vom Himmel, Luxemburg 1980
– Meine Kontakte mit chinesischen UFO-Forschern (in: »UFO-Nachrichten«, Nr. 275), Wiesbaden 1982
Krassa, Peter/Habeck, Reinhard: Licht für den Pharao, Luxemburg 1982
Laufer, Berthold: The Prehistory of Aviation, Chicago 1928
Legge, James: The Chinese Classics, Hongkong 1960
Navia, Luis E.: Unsere Wiege steht im Kosmos, Düsseldorf 1976

Needham, Joseph: Monumentale Geschichte der Wissenschaft in China, Cambridge 1954
Noon-Palm, Hetty: The Sa'dan Toraja (I), Leiden 1979
Olschak, B. C.: Tibet: Erde der Götter, Zürich 1960
– Stufenwege der Erleuchtung, Basel 1967
Opletal, Helmut: UFOs oder russische Geheimwaffen über China (in: »Oberösterreichische Nachrichten«), 14. September 1981
Pareti, Luigi: The Ancient World, New York
Pauwels, Louis/Bergier, Jacques: Die Entdeckung des ewigen Menschen, Bern/München 1970
Ploetz, Karl: Auszug aus der Geschichte, Würzburg 1960
Schafer, Edward H.: China – Das Reich der Mitte, Reinbek/Hamburg 1971
Stumpf, Hans E.: Das Abenteuer der biblischen Forschung, Wiesbaden 1966
Tichy, Herbert: Tau-Tau, Wien/München 1973
Waley, Arthur: Lebensweisheit im alten China, Hamburg 1952
Xia Nai: Essays on Archaeology of Science and Technology in China, Peking 1979

Religion und Spiritualität

David Steindl-Rast
Fülle und Nichts
12001

Hubertus Mynarek
Ökologische Religion
12005

Thomas Merton
Keiner ist eine Insel
12016

Michael von Brück (Hrsg.)
Dialog der Religionen
12010

Yann Daniel
Die Heiligen vom Ende
der Welt   12013

Vine Deloria
Gott ist rot
12014

GOLDMANN

Religion und Mythos

Uta Ranke-Heinemann
Widerworte
12027

Merlin Stone
Als Gott eine Frau war
11453

Ken Wilber
Der glaubende Mensch
14042

Jean Markale
Die Druiden
11474

Thomas Lehner (Hg.)
Keltisches Bewußtsein
12024

Barbara Black Koltuv
Das Geheimnis Lilith:
Oder die verteufelte Göttin
14050

GOLDMANN